一句话直抵人心

跟着名嘴学子说话

口才课 KOU CAI KE

一句话直抵人心

侯爱兵 著

吉林摄影出版社
·长春·

意林口才课

图书在版编目（CIP）数据

跟着名嘴学说话：一句话直抵人心 / 侯爱兵著. --
长春：吉林摄影出版社，2019.3
（口才课）
ISBN 978-7-5498-3963-6

Ⅰ.①跟… Ⅱ.①侯… Ⅲ.①口才学－青少年读物
Ⅳ.① H019-49

中国版本图书馆 CIP 数据核字 (2019) 第 017087 号

跟着名嘴学说话：一句话直抵人心
GENZHE MINGZUI XUE SHUOHUA：YI JU HUA ZHI DI RENXIN

著　　者	侯爱兵
出 版 人	孙洪军
主　　编	杜普洲
责任编辑	王维夏
总 策 划	徐　晶
统筹策划	吴珊珊
设计总监	资　源
执行编辑	吴珊珊
封面设计	资　源
美术编辑	杨　倩　李雪菲
发行总监	王俊杰
开　　本	889mm×1194mm 32开
字　　数	180千字
印　　张	8
版　　次	2019年3月第1版
印　　次	2019年3月第1次印刷

出　　版	吉林摄影出版社
发　　行	吉林摄影出版社
地　　址	长春市泰来街1825号
	邮　编：130062
电　　话	总编办　0431-86012616
	发行科　0431-86012602
网　　址	www.jlsycbs.net
经　　销	全国各地新华书店
印　　刷	天津中印联印务有限公司

书　号　ISBN 978-7-5498-3963-6　　　定　价：36.00元

版权所有　翻印必究

（如发现印装质量问题，请与承印厂联系退换）

序言

跟着"名嘴"学说话

口才在人的一生中，起着至关重要的作用。有口才一定是人才，青少年时期是培养口才的黄金时期，在口才起跑线上领先一小步，在成长过程中就能领先一大步。

说到"名嘴"你能想到谁？妙语连珠的卡耐基？口齿伶俐的撒贝宁？滔滔不绝的李开复？珠玑隽永的刘墉？……要知道他们的口才和话术并不是与生俱来的。卡耐基为练演讲越挫越勇；撒贝宁就是从中学开始，天天在家"开晚会"练口才；李开复演讲不事先排练三次，绝不上台；刘墉为了练出动听的嗓音，也没少下功夫……

看明星"妙语连珠""口吐莲花"，你可知道他们有什么表达技巧？刘德华的"交心话"、刘昊然的"哲言睿语"、胡歌的"妙语如歌"、姚明的"快人快语"、黄轩的"返璞归真"、张译的"感恩之语"……为何都说得那么动人？

　　本书精心选取了几十位中外名人修炼口才的实用方法和技巧，以及高人气明星应答的经典案例，给渴望训练口才的青少年以启迪和指导。它会让每一个读者快乐地沉浸在口才的世界里，学习领悟口才修炼之道和口语训练妙招，练出比他人更出色的口才，学会妙语应对生活中可能出现的各种问题。该书最大的特色就是不空谈理论，而是将方法和技巧融于一个个故事、一段段言语交际场景之中，就像一个口才教练在你身边指导一样，让你快速上口。阅读之后，可以用本书附赠的答题卡检验学习成果。

　　该书的作用和意义还不仅限于此，它同时还能丰富你的谈资和写作素材，更能让你在一个个故事、一句句妙语、一种种语境中，领略"名嘴"为人处世的风范，感悟人生成功的智慧，真可谓三管齐下、"一箭三雕"！

目录

CONTENTS

第一章

训练篇：名人口才修炼之道

乔·吉拉德：口才修炼成就"最伟大的推销员"	002
好口才有哪些标准	005
"综艺一哥"撒贝宁，自设场景练口才	006
如何帮助孩子提高口才	009
李开复：从"开复剧场"到演讲高手	010
如何练好口才基本功	013
从保安到央视"名嘴"，赵普的口才修炼之道	015
怎样练就好声音	018
"猫捉老鼠"：卡耐基战胜胆怯，演讲成功有秘诀	020
如何练习说话胆量	023
把"坏牌"打好：国学大师傅佩荣的演说成功之道	024
改变口吃的方法	027

练好口才，刘墉有哪些窍门 028
怎样做到出口成章 031

讲故事练就的"妙语之王" 032
如何讲好一个故事 035

"三管齐下"：狄更斯的口才成功之道 037
改变大舌头的10个方法 040

想要练口才，怕出丑怎么行 042
性格内向的人如何锻炼口才 045

向成功者学习：安东尼·罗宾的演讲成功之道 046
肢体语言运用技巧——手势 049

奥普拉："脱口秀女王"的口才是怎样练就的 050
同学互助练口才的方法 053

第二章

演示篇：名人谈话练习技巧

彭于晏：言由心生，情由感发 056
如何才能说话得体 059

"圆脸女神"赵丽颖妙谈"成功之道" 060
如何简练地表达 063

妙语如歌，唯有胡歌 064
如何让你的思维更敏捷 067

孙俪妙语连珠，巧喻甄嬛、芈月　　068
如何让言语富有修辞美　　071

话语明朗，妙言要道的江疏影　　072
如何有效地说服他人　　076

"功夫小子"吴京：妙解中国男儿　　077
怎样说话让你更有力　　080

李易峰的"转变语义幽默答问术"　　081
让人舒服的六个说话技巧　　083

说话直白动听的韩雪，语如其名　　084
学生如何向老师提意见　　087

黄轩：返璞归真的话语最动人　　088
怎样说话才更有文采　　092

感恩之心塑造出的朴实张译　　093
如何把感恩的话说得更感人　　096

平易近人接地气，刘昊然的青春睿语　　097
如何让语言优美　　101

善于举例，娓娓道来的周一围　　102
如何让我们的讲话"言之有物"　　106

第三章

技巧篇：跟名人学话术

跟名人学"自我解嘲术"   108
学会自嘲的4个诀窍   111

跟名人学"顺推成趣术"   112
怎样排除语言误解   115

跟名人学"两不得罪答话术"   116
如何避免自己说话伤人   120

跟名人学"无中生有说话术"   121
怎样与陌生人交谈   124

跟名人学"关键词"串联   125
开玩笑要注意些什么   129

跟名人学"关联词"即兴谈话   131
如何做到语言句式灵活   134

跟名人学"自夸式幽默"   136
夸人的六种实用方法   139

跟名人学"幽默道歉术"   141
怎样说出不好意思说的话   144

跟名人学即兴幽默   145
怎样得体地拒绝别人   147

跟名人学"言语谦卑法"   149
谈话冷场时怎么办   152

跟名人学暖场技巧 153
说错话怎么补救 157

跟名人学吐槽 159
如何改掉爱说口头禅的毛病 161

跟名人学"补刀" 163
说话必备的四种素质 165

第四章

实用篇：跟着名人学演讲

"三自法则"，推己及人 168
演讲如何选材 172

"寓理于事法"，质朴实用 173
没有智慧的演讲等于零 177

"倒金字塔"演讲法 178
如何让你的讲话有条理 181

黄朝扬的"一字立骨演讲法" 182
如何让你的说服演讲言之有序 186

"浅入深出"，浅引入深表意 187
让演讲句子亮起来的三种方法 191

"八卦"演讲为什么能大放异彩 193
如何使演讲口语化 197

自己的"糗事"也能为演讲增彩	199
如何把握好演讲语速	203
"问答式"演讲,互动起来气氛佳	204
如何在演讲期间适应听众需求	207
"四步曲"奏响你的即兴演讲	208
即席演讲的12字箴言	212
着眼于小事,引出大命题	213
改进演讲的六个技巧	217

第五章

借鉴篇:外国中学生如何练口才

美国中学生"模拟"场景练口才	220
肢体语言运用技巧——姿态	223
美国中学课堂的"脱口秀"	224
如何学习脱口秀	226
澳大利亚中学生:门门功课需演讲	227
教你三招,妥善化解演讲尴尬	229
英国中学生:口语交际要达标	231
肢体语言运用技巧——微笑	234
俄罗斯中学生为什么都"能说会道"	235
如何表达真情实感	238
俄罗斯中学生:卖报练口才	239
肢体语言运用技巧——眼神	242
法国中学生:"录像"练演讲	243
怎样巧妙地结束演讲	245

刻意练习，目标细而微，可操作，有计划。能否自我检查是决定练习效果的决定因素。

——安德斯·艾利克森

第一章 训练篇：名人口才修炼之道

乔·吉拉德、口才修炼成就"最伟大的推销员"

乔·吉拉德是销售界的传奇人物，有"世界上最伟大的推销员"之美誉。他曾以连续12年平均每天销售6辆汽车的成绩，荣登吉尼斯世界纪录大全世界销售第一的宝座，他所保持的世界汽车销售纪录，至今无人能破。他也是全球最受欢迎的演讲大师之一，曾为众多世界500强企业的精英传授他的宝贵经验，来自世界各地数以百万的人们为他的演讲所感动，为他的事迹所激励。

但我们应该知道的是，35岁以前，乔·吉拉德还是个全盘的失败者，他患有相当严重的口吃，换过40份工作仍一事无成，甚至连妻子和孩子吃饭都成问题。然而，谁能想象得到，像这样一个说话口吃、表达不清楚、完全没有销售能力的人，竟然做起了靠口才吃饭的汽车经销工作。他到底是如何修炼自己的营销口才并走向成功的呢？

积极主动多说话，不再逃避口吃

乔·吉拉德从8岁起说话结巴，他说是父亲打的。成年后这一毛病常使他遭遇很多痛苦的尴尬，尤其是找到靠嘴谋生的销售工作后，他意识到必须努力改掉自己口吃的毛病。于是，他试图通过放慢说话速度来矫正口吃，开口前把精力集中在要说什么上，然后慢慢地仔细地说出来。一段时间以后，他发现口吃不那么厉害了。然后，他不仅注意自己想说什么，应该说什么，以及别人想听什么，而且开始积极主动地多说话，最后彻底改掉了口吃的毛病。其实对任何一个口吃者来说，不论使用什么矫正方法，如果不多说话，不积极主动地说话，要想矫正口吃是很难的。可以说，乔·吉拉德为我们提供了一个通过积极主动多说话矫正口吃的例子。只要多说话，并且积极主动地多说话，就有可能矫正口吃。因为当你自己能够真正做到这一点时，你不但在行动上锻炼了自己的语言能力，同时在对口吃的心理脱敏上也迈出了大大的一步。也就是说，对于口吃，你选择的是面对而不是逃避。

练习形体语言，学会微笑表达

乔·吉拉德在推销工作中，还总结出一条修炼口才的要诀，就是向顾客展示微笑，多说赞美的话。为了训练自己的笑容，他在家中的浴室镜子上挂有一个刻着"I like you"（我喜欢你）的牌子，每天都会微笑地向着镜子大声喊上几遍"I like you"，有时甚至会吻镜子一下。乔·吉拉德说："有人拿着100美元的东西却连10美元都卖不掉，为什么？你看看他自己，面部表情很重要：他可以拒人千里，也可以使陌生人立即变成朋友。与人说话的时候，想象你在跟你的妈妈谈天，而且要展示微笑，多一分笑容能增加客人亲切的感受。笑可以增加你的面值。"他更是这样解释过他富有感染力并为他带来财富的笑容："皱眉需要九块肌肉，而微笑，不仅用嘴、用眼睛，还用手臂、用整个身体。当你笑时，整个世界都在笑。一脸苦相没有人愿意理睬你。"

修炼诚信品德，做到一诺千金

品德不好的人永远说不上有口才，有也至多是忽悠。练口才，首先应该从品德培养开始，而诚信就是重要内容之一。说出去的话，泼出去的水。营销人员说的每一句话都代表着向客户的承诺。能够将企业和产品的诚信完美地表达出来，这样的营销人员才算具有艺术性的口才。乔·吉拉德对待顾客坚持诚信推销，说实话，一是一，二是二，绝不欺骗顾客。他说："任何一个头脑清醒的人都不会卖给顾客一辆六汽缸的车，而告诉对方他买的车有八个汽缸。顾客只要一掀开车盖，数数配电线，你就死定了。"从乔·吉拉德的话中，我们可以感受到他的良好推销"口德"。

练习：

找一篇比较长的文章（3000字左右），快速阅读一遍之后，尝试用自己的话把文章概述出来，试一试你是否能"出口成章"。

Tips：这样成为演说家

好口才有哪些标准

我们常用滔滔不绝、口若悬河来形容一个人口才好，其实这只能说明一个人话多，并不能证明他会说话。口才的概念，简单来讲，就是说话的才能。它是一个人的思想品德、思维能力、知识学问、智商与情商、语言能力和风度气质在某个范畴、某种程度上的综合体现。具体来说，好口才的衡量标准主要有以下几个方面：

一是言之有物——有内容；二是言之有理——有道理；三是言之有情——有情感；四是言之有序——有逻辑；五是言之有度——有分寸；六是言之有礼——有礼节；七是言之有文——有文采；八是言之有趣——有趣味；九是言之有态——有态度；十是言之有势——有气势。

一个人说话如果做到了"十有"，那么他就一定是一个口才绝佳的人。他的话语也一定是言之凿凿、一语中的、情真意切，蕴含丰富哲理，闪现真知灼见，能让受众在情感上产生共鸣，达到心灵震撼、内心信任的效果。

"综艺一哥"撒贝宁,自设场景练口才

曾因以主持《今日说法》红遍大江南北的"北大法学才子"撒贝宁,如今一改往日严肃认真的"法制脸",全年无休跨界主持《开讲啦》《出彩中国人》《挑战不可能》《加油!向未来》《欢乐中国人》和《放学别走》等多档综艺节目,还多次主持央视春节联欢晚会,展现出了爆棚的综艺感,俨然是央视"综艺一哥"。他凭的是什么呢?当然是口才。他在《开讲啦》节目中说:"我喜欢演讲,因为我爱上了那种站在舞台上,当着所有人的面儿,直抒胸臆的感觉。演讲给我自信,演讲锻炼了我的心理素质和应变能力,演讲对我人生的发展进步起到了巨大的推动作用。"那么,他是怎样成为一个有口才的人的呢?

俗话说,不经一番寒彻骨,怎得梅花扑鼻香。不经过一番艰苦

实践，哪能取得成功？从小就对主持有着浓厚兴趣的撒贝宁深谙此道，为了练习口才，11岁那年的暑假，他用一个多星期的时间在家策划了一台"晚会"，从准备节目到会场布置，从主持开场白到中间串词，撒贝宁可谓煞费苦心，准备得相当充分。这天，要正式"演出"了，撒贝宁的父母下班回来，刚一进家门便被眼前的一切惊呆了，只见家里的客厅布置得像个晚会现场，还有用纸片剪成的小草、篮球等道具。撒贝宁和妹妹撒贝娜一人手持一个麦克风对他们说："爸爸、妈妈，你们好！你们辛苦了。"撒贝宁请父母坐到已安排好的位置上，紧接着，他像电视里的主持人一样向"观众"——爸爸妈妈报幕……他们兄妹俩一会儿演小品，一会儿说相声，一会儿朗诵，整个"晚会"持续了近40分钟，直到撒贝宁过够了"主持瘾"。

别说，通过这一次自设场景的"实战"练习，还真的让撒贝宁收获不小，不仅锻炼了胆量，还有效提高了口头表达能力，也积累了"现场"主持和演讲的经验，也就在这一年秋季开学后不久，经过历练的撒贝宁勇敢报名参加了全市五年级语文竞赛，并获得了第一名的优异成绩。

上中学后，撒贝宁练口才的劲头更大了，他常常在家里"办晚会"，请爸爸妈妈当听众，对着他们演讲，再根据他们的意见改善自己。有时，撒贝宁还请爸爸"登台"演讲，一次，他在看爸爸演讲时，发现他有几个带有表演性质的动作很多余。于是一结束，他就与爸爸"理论"："演讲与表演不同，演讲主要靠讲，表情应该与主题配合，不应该显得做作……"说得爸爸频频点头。后来，他还把"场景"设在了班级里，和同学们一道练口才，切磋演讲技巧。

终于，凭借出色的演讲能力和优异的成绩，高中毕业时，撒贝宁被武汉市一中保送到北京大学学习法律专业，大学快毕业时，撒贝宁再次凭着一流的口才，进入了中央电视台。

撒贝宁的经历启发我们，练习口才就像学游泳，必须下"海"练习，在没有实战机会的情况下，自设个场景，比如"办个晚会"之类的方式也不失为一条捷径。

练习：

请自己的爸爸妈妈做观众，自己做主持人，开一场家庭"联欢会"，看看你的控场能力和应变能力如何。

 Tips：这样成为演说家

如何帮助孩子提高口才

家庭是孩子的第一所学校，父母是孩子的第一任老师。在孩子提高口才的过程中，家长也起着重要的作用。家长要做到：

1. 培养孩子练口才的兴趣，如鼓励孩子"你越来越会说话""你的口才越来越棒""大家都很喜欢你，想看你的演讲""我很喜欢你讲的故事，很生动，你能不能再讲一个"等。通过这样的方式鼓励孩子，孩子就会愈加自信地大胆说话，练就口才。

2. 注意纠正孩子说话的毛病。一旦发现孩子说话有这样或那样的毛病，如"半句话""不良口头禅""啰唆""不必要的关联词多"等，就要善于指出和纠正，帮助和鼓励孩子重新说，直到孩子能正确表达为止。

3. 要经常主动与孩子对话、聊天，锻炼孩子的口语能力。也可以选择一个辩题，分正方反方辩论，以训练孩子的辩驳能力。

4. 让孩子重述小说或电视电影的内容，帮助孩子将长故事浓缩成"短剧"。鼓励孩子在亲友前讲笑话或与他人分享个人的特殊生活经历，如度假、旅游等。鼓励孩子多与大人交流，特别是与有思想、语言表达熟练的人交流，久了自然会受到对方潜在的影响。

李开复：从"开复剧场"到演讲高手

曾任 Google（谷歌）公司全球副总裁、现任创新工场董事长的李开复，除了做好本职工作，他还致力于在中国做最有影响力的事——帮助更多的青少年答疑解惑。他马不停蹄地进入校园做励志演讲，告诉同学们怎样管理时间、怎样规划人生、怎样面对挫折、怎样做最好的自己，他也因此被誉为"青年导师"。

然而，当李开复把"最大的影响力"当作自己的人生目标时，他发现自己最欠缺的是演讲和沟通能力。那时，他还是一个和人交谈都会脸红、每逢上台演讲都会退缩的学生。

22岁那年，他在美国卡内基梅隆大学攻读研究生时，有一次替导师给一群高中生讲计算机课，结果被戏称为"讲课最差的教师"。由于李开复讲课总是背对着学生，与学生没有语言交流，学生们往往在下面睡觉,有的甚至私下给他取了个"开复剧场"的绰号。这件事深深地刺激了李开复,他开始认识到演讲和沟通技巧的重要性。

于是,李开复首先给自己设定了三个具体目标。第一,每个月做两次演讲,而且每次都要同学或朋友去旁听、提意见;第二,不事先排练三次,绝不上台演讲;第三,向优秀的演讲者求教。

有了这些目标,李开复便发挥自己所有的激情和潜力,开始了大量的、有针对性的口语训练。

首先,他向演说家求教克服恐惧的方法。演说家告诉他:如果你看着听众的眼睛会紧张,那你可以看听众的头顶,而听众会依然认为你在看他们的脸。此外,你的手中最好不要拿纸或稿子,而是要握起拳来,那样颤抖的手就不会引起听众的注意。

他如获至宝,及时在同学和朋友面前的"试讲"中去体验运用。从此,他变得更加自信,并克服了以前的怯场心理。

其次,他结合自身条件,苦练演讲技巧。每次演讲之后,他都认真总结成败得失,反复揣摩,写下心得体会,以指导自己下一次的演讲。从中,他悟出了许多适合自己的演讲"秘诀"。比如,不用讲稿,通过讲故事的方式来表达时,他会表现得更好;当发现自己回答问题的能力不亚于演讲的能力时,他又要求自己多留些时间回答问题,与听众更多地进行互动交流;还有在手势的运用上,也总结出了不同情况用不同手势。经过一段时间的刻苦练习之后,他的演讲技巧有了很大进步。

最后，坚持不懈做到最好。立志成为"最好的自己"的李开复，在掌握了基本的技巧之后，并没有满足，在走路、洗澡或睡觉前嘴里都念念有词。他还积极参加各种讲座、社团活动，要求自己"多认识人"，"每周和一位有影响力的人交流"，以锻炼口语表达能力。

经过一段时间的刻苦训练，李开复充满了自信，口语表达能力也有了质的飞跃。几年后，他的演讲就达到了炉火纯青的地步，在谈到秘诀时，他曾说："周围的人都夸我演讲得好，甚至有人认为我是个天生的演说家，其实，我只是针对兴趣，定阶段性的、具体的目标，再充分发挥中国人的传统美德——勤奋、乐观和坚毅，一步步向自己的理想迈进，努力完成目标。只要你付诸行动，就一定能够成功。"

练习：

要求自己每周至少与同学或师长进行一次正式的沟通，沟通前至少将自己的想法在脑海中"练习"三遍，检验自己是否有进步。

Tips：这样成为演说家

如何练好口才基本功

练好口才基本功，有以下几种方法：

1. 速读法。这种训练方法的目的，在于锻炼人口齿伶俐、语音准确、吐字清晰。可以找来一篇演讲词或一篇文辞优美的散文，一般开始朗读的时候速度较慢，逐次加快，一次比一次读得快，最后达到你所能达到的最快速度。"快"必须建立在吐字清楚、发音干净利落的基础上。著名体育节目主持人宋世雄的解说，就很有"快"的功夫。但他的"快"是快而不乱，每个字、每个音都发得十分清楚、准确。训练过程中，你还可以给你的速读录音摄像，然后自己听一听、看一看，从中找出不足，以便改进。

2. 复述法。复述法就是把自己看过的新闻、故事、影视剧等，用自己的话叙述一遍。它可以有效地锻炼语言的连贯性、即兴构思能力和语言组织能力，还可以锻炼你的胆量，克服紧张心理。

3. 模仿法。就是模仿名人说话，模仿各地方言，模仿好的说话风格。模仿的过程就是一个吸收学习的过程。模仿得多了，天长日久，口语表达能力就能得到提高。

4. 描述法。类似于看图说话。就是善于把自己看到的情景、事物、事件，用描述性的语言表达出来。这个完全没有现成的材料，全靠自己去组织语言进行描述，因而这种方法也更能锻炼口才。

只有这些口才的基本功练到位，口才才能达到更高的水平。

从保安到央视"名嘴",赵普的口才修炼之道

前央视名嘴赵普曾主持央视《朝闻天下》《晚间新闻》等节目,他以健康、清新、亲和的主持风格,备受观众青睐。然而,这位口才颇佳的央视新闻主播,曾经是一个只有初中学历、连普通话都说不好的保安。那么,他又是怎样练好口才、成为央视著名主持人的呢?

咬字

19岁那年,赵普来到安徽省体育馆当了一名保安。但要强的他并不想一辈子就这么度过,为了实现自己小时候想做一名电视节目主持人的梦想,他开始苦练口才。只有初中学历的他从何练起呢?赵普首先想到的是那些优秀的节目主持人都有一口标准的普通话。于是,他便从"咬字"练习普通话做起。每天下班后,他都要将《新华字典》上的字连同拼音抄满6页,折成小卡片,放在衣兜里,一

有时间就一个字一个字地进行练习。就这样，不到半年的时间，他就把整本字典上的字音全都咬准了。

恰好当时，安徽省气象台面向社会公开招聘一名临时气象播报员，赵普虽然离气象台要求的本科学历相差甚远，但他还是勇敢地报了名。结果，气象台领导听到他播报的天气预报吐字清晰准确，快赶上中央气象台了，便当场破格录用了他。

啃书

成为一名兼职气象播报员之后，赵普深知还得加强学习演讲理论知识，不断提高自己的口语表达能力。他每个月不多的工资，除了生活费，几乎全用来订阅购买《演讲与口才》《电视播音与主持艺术》等书刊。他就像一个饥饿的人扑到面包上一样，利用一切可以利用的时间仔细阅读、认真研究，从中学习说话技巧、演讲艺术和主持之道。后来他又积极深造，报名参加了北京广播学院（现为中国传媒大学）的自学考试，系统地学习和掌握了有关口才和播音主持的知识。26岁那年毕业时，他凭着出色的成绩和出众的口才，一路过关斩将，被北京电视台录用，终于实现了自己当主持人的梦想。后来他又一路闯关进入中央电视台，成为中国顶尖的电视节目主持人。

模仿

在长期练习口才的过程当中，赵普还一直视中央电视台的节目主持人为自己心中的偶像，每天晚7点他总会准时守在电视机旁，从头到尾仔细揣摩《新闻联播》主持人的一言一行,模仿他们的发音、表情和动作。为了练好动作和表情,他又专门从书店里搜集了很多印有赵忠祥、邢质斌、罗京、朱军等央视著名电视主持人形象的图片,贴在镜子旁边,从人家的眼神到微笑到气质,无一不对照着模仿,有时一站就是老半天。正是这种无微不至的模仿,使他吸收了众人之长,逐渐形成了他独具个人魅力的主持风格,并获得了中国第六届播音主持"金话筒奖"提名。

就这样,经过"咬字""啃书""模仿"的历练,赵普练就了口才,成功地从一个只有初中学历的体育馆保安,蜕变为中国顶级电视媒体的新闻主播。

练习:

找一位你最喜爱的主持人视频,多看几遍,模仿他(她)的语气和神态,并录下自己的"主持"视频,请同学、家长为自己的"主持"点评,也许模仿是个提高口才和台风的好方法。

 Tips:这样成为演说家

怎样练就好声音

1. 练声先练气,气足声才亮。练气是发声的基础,气不足,声音无力,用力过猛,又有损声带。所以我们练声,首先要学会用气。

吸气:吸气要深,小腹收缩,整个胸部要撑开,尽量把更多的气吸进去。我们可以体会一下闻到一股香味时的吸气法。注意吸气时不要提肩。

呼气:呼气时要慢慢地进行,要让气慢慢地呼出。呼气时可以把两齿基本合上,留一条小缝让气息慢慢地通过。

体态:进行气息训练时,标准姿态是保持肩平颈正,双手位置可提在胸腹间或自然垂直两侧,全身放松。

2. 练声。语言的声源在声带上,也就是说,我们的声音是通过气流振动声带而发出来的。在练发声前,先放松声带,用一些轻缓的气流振动它,让声带有点儿准备,发一些轻缓的声音,千万不要张口就大喊大叫,否则会对声带起破坏作用。

3. 练习口腔和鼻腔共鸣。人体还有一个重要的共鸣器,就是鼻腔。有人在发音时,只会在喉咙上使劲,根本就没有用上口腔、鼻腔这两个共鸣器，所以声音单薄，音色较差。所以，还要增强口腔和鼻腔共鸣训练。

4. 练习吐字，字正腔圆。吐字发声时一定要咬住字头。有一句话叫"咬字千斤重，听者自动容"。字腹的发音一定要饱满、充实，口形要正确。发出的声音应该是立着的，而不是横着的，应该是圆的，而不是扁的。字尾，主要是归音。归音一定要到家，要完整。也就是不要念"半截子"字，要把音发完整。当然字尾也要能收住，不能把音拖得过长。

"猫捉老鼠"，卡耐基战胜胆怯，演讲成功有秘诀

戴尔·卡耐基是美国著名的演讲家，以他的名字命名的演讲口才训练班一度风靡全世界，他被誉为"20世纪最伟大的心灵导师"和"世界成功学的鼻祖"。然而很多人不知道，卡耐基和普通人一样，并没有演讲家的天赋，他也曾备受胆怯的折磨。那么，他到底用了什么方法战胜了胆怯，成功走上了演讲道路呢？

1904年，16岁的卡耐基高中毕业后，就读于美国密苏里州华伦斯堡州立师范学院。那时候，要想成为学校里具有特殊影响和名望的人，必须是棒球队队员，或者是辩论和演讲获胜的人。为了出人头地，卡耐基选择参加演讲比赛，因为他知道自己没有运动员的天赋。没料想，他一连参加了12次比赛，却接连失利了。30年后，卡耐基谈及第一次糟糕的演讲时，还用半开玩笑的口吻说："是的，

当时我的确想到轻生……我那时才认识到自己是很差劲的……"

然而,卡耐基并没有选择退却,而是发奋振作,决心重新挑战自我。1906年的一个上午,他准备参加第13次比赛。赛前,他去向一名教授请教演讲技巧。教授只赠给他一句话:"猫捉老鼠的时候,它的全部精神都集中在老鼠身上,它可没有多余的精力去注意自己。"卡耐基如获至宝,在心中反复咀嚼这句话。终于,他悟出了一个道理——要"忘我"地去演讲。

卡耐基又一次满怀信心地走上演讲台,全身心投入到了演讲中。当台下响起雷鸣般的掌声时,他才意识到演讲结束了。他以"童年的记忆"为题的演讲,获得了"勒伯第青年演说家奖"。这是他第一次成功,这份讲稿至今还收存在华伦斯堡州立师范学院的校志里。这次获胜,对他的一生产生了非同小可的影响。他在后来回忆时不无自豪地说:"我虽然经历了12次失败,但最后终于赢得了演讲比赛的胜利。更为激励我的是,我训练出来的男学生赢了公众演讲赛,女学生也获得了朗诵比赛的冠军。从那一天起,我就知道我该走怎样的路了……"

从此,他成了全学院的风云人物,在各种场合的演讲比赛中大出风头。全院的师生对他刮目相看,但他并不满足于此,他开始走出学院去扩大自己演讲的事业。我们已经知道,后来他把才华发挥得越来越出色,终于成为闻名全世界的演讲家。

卡耐基从演讲屡次失败到获得成功的经历,至少能给我们两点启示：一是在演讲与口才的训练过程中，不要畏惧失败，不要轻言放弃，而要像卡耐基那样，屡败屡战，越挫越勇，不断地练习和总结经验，努力提高自己。二是在演讲台上，一定要像猫捉老鼠一样，具有一种忘我的精神，全身心地投入到演讲中去。可以说，忘我是卡耐基从失败走向成功的一条重要捷径。换句话说，忘我正是一种专注、一种执着。卡耐基正是凭借"忘我"的态度，专心演讲，才战胜了胆怯，赢得了演讲的成功。

同学们在演讲比赛时也不乏这样的现象：一上台便紧张得要命，手足无措，东张西望，甚至前言不搭后语。这时，我们可以像卡耐基一样，摇身一变，成为一只专注于捉老鼠的"猫"，专注于自己的演讲，当你听到热烈的掌声时，你会发现，原来你已经成功了。

练习：

你敢当众演讲吗？如果你感到胆怯，请拿出一张纸，写下你胆怯的原因（如害羞），并把如何克服这些写在旁边（如先练习在自己熟悉的环境中开口），尝试给自己加油打气。

Tips：这样成为演说家

如何练习说话胆量

想练习说话胆量，首先要从心理上战胜自己，要经常在心里对自己说，别人优秀，自己也很优秀。如果连自己对自己都没有信心，那么你怎么能与别人相比呢？你觉得自己比不上别人，你就要去赶上他，他比你好，你要比他更好，害羞只让人原地踏步，所以，要相信自己，摆脱害羞才能把口才练好。

其次，不要经常宅在家里，扩大人际交往范围，要多接触外面的世界，多去与人沟通，多去交流。说话的时候就大声说，很多害羞者说话声音很小，所以从现在就要大声说出来，怎么做到？就是第一个字就大声说出来，提下胆。在公众场合，见到任何认识的人就主动问好，主动找话题，这样胆子就慢慢练出来了。

最后，多参加一些集体活动，学校里的体育比赛、歌咏比赛、演讲比赛，先不要在乎自己的水平，更不要考虑成绩如何，要树立重在参与的思想，只管踊跃参加，其实，你每参与一次，你的胆量就增长一分。久而久之，你说话的胆量就有了。

把"坏牌"打好：国学大师傅佩荣的演说成功之道

　　傅佩荣是台湾大学哲学系教授，是著名的国学大师，也是一位杰出的演讲家，每年进行的公众演讲多达200多场。因为潜心解读中国传统文化经典，他被人们称为"台湾的于丹"。

　　可是，傅佩荣的练习口才之路却充满艰辛。小时候的傅佩荣因为顽皮，模仿邻居口吃的小朋友，结果不幸变得口吃起来，并且比那个小朋友更严重。高二那年，在一位老师的鼓励下，傅佩荣参加了台北的一个"口吃矫正班"，经过连续两个月的矫正训练，他总算可以勉强上台讲话了。结业时，他在公园一座凉亭的台阶上，向着园内的游客做生平第一次公开演讲："各位叔叔阿姨，大家好！我是傅佩荣……"他慢慢地吐出每一个字，就像初学讲话的孩子。这样的次数多了，他渐渐克服了恐惧，矫正了口吃。口吃9年不能说一句完整话的惨痛经历,让傅佩荣深深感受到了好好说话的重要性。于是,他决心锻炼好自己的口才。

模仿播音员,练习标准发音

从小模仿能力就很强的傅佩荣,决定再次通过模仿,练习标准发音。于是,每天晚上他都利用两三个小时的时间,听广播,看电视、电影,跟着播音员、主持人、演员一起说话,注意他们的声音、语气、语速、语调,然后试着把一些话按他们的标准发音重复几遍,特别是对某一句话中自己念得不准的字,他仔细揣摩人家的发音,然后反复纠正。就这样,一字一句,他逐渐练出了一口标准的发音。

学习绕口令,苦练嘴皮子

为了使自己的嘴皮子更加利索,傅佩荣找来了一段一段的绕口令加以练习。刚开始,一遍不行,他就再来一遍,反复朗读,直至熟记,能够脱口而出。为了练习一口气说完一段绕口令,增强说话的流畅性,他还经常边跑步边朗读。这种训练方法果然有效,不久,傅佩荣说话就变得流利多了。

看书打腹稿,锻炼表达能力

傅佩荣还非常重视看书学习,获取各种知识素材,然后通过"打腹稿"的方法,一遍一遍地在脑海中用自己的语言组织起来,形成条理,再对着镜子大声表达出来,锻炼自己的表达能力。譬如,《论语》是他爱读的书,他不仅熟读原著,还至少看了400家注解,从两汉到现在,所有研究《论语》的书,能读的他都认真读了,然后紧密结合当代日常生活，从中提炼出个人的心得与见解，形成自己的东西，让自己每次讲《论语》都胸有成竹。每当傅佩荣在人前演讲时，总是显得挥洒自如，而且出口成章、逻辑严密。不能不说，这种打腹稿的方法，有效增进了他的口语表达能力。

成功后的傅佩荣在谈到自己是如何培养演说"专长"的时候，总念念不忘口吃9年给他带来的"好处"。他说："成功不在于一开始就有一手好牌，而是怎样把一手坏牌打得可圈可点。你每一次看到坏牌的时候，都要想该怎样败中求胜。"

练习：

傅佩荣教授用打腹稿的方式增强表达能力，说明练习这种方法会十分有用。尝试在你每次正式发言之前，打好腹稿，记下发言关键词，假以时日，你的表达能力定能进步。

Tips：这样成为演说家

改变口吃的方法

口吃不是先天性的，它是后天出现的。它不是生理上的一种病，而是后天一种不好的习惯。口吃的主要表现是拖音拖字，说话不连贯，这是完全可以经过训练改变的。改变口吃，要从以下几方面做起：

首先，要正确认识口吃，放下思想包袱。有些口吃者总是担心别人笑话自己，越担心，就越紧张，说话就越不流利。心理学家说，很多看病的人都是得先治好心病才能治好身体上的疾病。所以，你要不停地给自己心理暗示，口吃不可怕，你会战胜它的。如果太害怕别人嘲笑，你可以在和陌生人讲话时，告诉对方自己有口吃，这样就会减轻很多包袱，你会说得相对流利的。

其次，说话时，不要着急，按照自己的节奏心平气和地说。谈话不是竞赛，像跑步一样拼命地冲到终点。所以，口吃者在说话时要不急不躁，越是平静下来，就越能流畅地说。

最后，加强一些必要的训练，练习口齿的伶俐性。比如大声朗读、学说绕口令、口含石子练习等，这都是以前有人用过并且见到成效的方法。只要有空就练，没有不成功的道理。

练好口才,刘墉有哪些窍门

刘墉不仅是畅销书作家,还是一位出色的演讲家。有人向他请教练就出色口才的秘诀时,刘墉笑着说,哪有什么秘诀,只有三个小"窍门"罢了:

小窍门一:抄语句

雄厚的知识储备,是练习口才的必备条件。刘墉小时候就很喜欢博览群书,特别是对那些精练的名人名言、诗词歌赋、经典故事很感兴趣,有意无意地记忆和积累。

上中学时,刘墉非常喜欢余光中、徐志摩等人的散文和新诗,当发现他们的作品受中国古诗的影响很大时,刘墉又迷上了古诗,特别是唐诗。经过一段时间的抄录,他居然"编"了厚厚的一本《唐诗句典》,并记住了很多形式精练、韵律优美的诗句。刘墉发现,这对他讲话时的遣词造句很有帮助,就越发注意"妙语"的积累。

于是,他养成了这样一个良好的习惯,就是随身携带纸和笔,平时生活中遇到精彩的语句,赶紧抄下来,也不费什么事。"积之愈厚,发之愈佳。"正是这样日积月累,使得刘墉演讲起来,往往能出口成章。上下五千年,纵横七大洲,那些闪现着智慧光芒的美丽语句,刘墉信手拈来,为自己的讲话增色不少,这不能不归功于他总结出的这个小窍门。

小窍门二:演话剧

由于演讲中含有"演"的成分,但要想在大庭广众之下"演"好,就需要胆量和应变能力。上中学时的刘墉,十分重视通过演话剧来锻炼自己演讲所必需的能力。

为了扮演好剧中不同的角色,他先根据人物的个性和语言特点,在台下反复地练习"台词",保证声音清晰响亮,使观众能听清台词,同时在说的过程中用心揣摩台词的节奏,以及能最好表达所表演人物的个性的语气、语调等。进而,刘墉根据舞台表演上的要求,训练各种形体动作和手势,以表现人物的体态仪表、举止风度,准确地表达出人物的思想感情,创造出性格鲜明的艺术形象。经过锻炼,刘墉在话剧表演上达到了很高的造诣,他主演过《红鼻子》《武陵人》等多个舞台名剧,并获得台湾话剧界最高荣誉"金鼎奖"。

正所谓世界上很多东西都是相通的,而今,刘墉站在讲台上,控场能力强,反应机敏,学说逗唱,无所不能,能与听众形成很好的互动，让现场气氛高潮迭起，这都得益于他演话剧所锻炼出来的"演"的能力。

小窍门三：朗诵诗

有时，口才离不开一副好嗓音。少年时的刘墉还非常喜欢朗诵，通过朗诵来练发音，练嗓子。朗诵时，他第一步先"练气"：吸气时做到不提肩，深呼吸，小腹收缩，整个胸部撑开，尽量把更多的气吸进去。呼气时把两齿基本合上，留一条小缝让气慢慢呼出。这样做的好处是锻炼肺活量，让声音更清晰和洪亮。为了避免喘气声，刘墉甚至会特意跑 20 米左右，再朗读一段。

第二步，他反复吟诵那些意思相近的词汇，以及不同类型的词汇，辨析语音语义的区别。比如，"听说这件事，我有点儿伤感"和"听说这件事，我有点儿感伤"。刘墉揣摩后发现，"伤感"给人的感觉是受到了伤害，"感伤"则是有了很多感触。而且"伤感"的感是第三声，而"感伤"的伤是第一声，因此"伤感"读起来应该有一种"叹"的感觉，"感伤"则有"咏"的感觉，"感伤"比"伤感"听起来更美丽。

就这样，靠着这三个小窍门，刘墉从小便锻炼出一口标准的发音和洪亮的嗓音，演讲中他饱满圆润的声音让许多听众着迷。

练习：

选择一首你喜欢的诗歌，大声地朗诵，读出节奏感。然后在网上尝试找播音员或主持人的朗诵视频，先从模仿做起，多加练习。

 Tips：这样成为演说家

怎样做到出口成章

著名学者南怀瑾说："曾有人问我，为什么能出口成章，有这么好的学问？我都实实在在地告诉人家，这都是我 13 岁以前熟背这些古书的效果。"想要出口成章，其实关键的地方就两条：

首先要"满腹经纶"，就是先丰富自己各方面的知识，博学多识，博闻强记。要给人一瓢水，自己必须有一桶水。

其次要融会贯通，就是学以致用，活学活用，把自己的知识在头脑里加工，转化为自己的思想和学问，再加以适当的语言技巧，把自己的思想和见解表达出来。

如果能从这两方面下功夫，你也一定可以出口成章，滔滔不绝，语惊四座。

讲故事练就的"妙语之王"

英国电视台评出了英国历史上谈吐最机智最幽默的人，其中，19世纪英国著名作家、演讲家奥斯卡·王尔德获得了20%的票数，名列第一，被冠以"妙语之王"的称号。就连英国前首相、获得诺贝尔文学奖、号称英国"语言巨子"的丘吉尔都十分佩服他的口才。有人曾经问丘吉尔："你最希望与谁倾心长谈？"丘吉尔毫不迟疑地回答："奥斯卡·王尔德。"

奥斯卡·王尔德出身名门，父母给他带来了荣华富贵的生活，但他的口才却不是天生的。他自小性格颇为内向害羞，沉默寡言。这大概和他出生时，父母曾希望他是一个女孩，他的母亲便从小就把他当女孩看待有一定的关系。王尔德10岁那年就读于普托拉皇家学校，他与其他男孩兴趣不同，喜欢独处，经常被老师斥为怠惰，但他读书用功，成绩优异。当他意识到"爱说才会赢得伙伴""讲故事和交朋友是一件非常有趣的事"时，才表现出了与众不同，开始变得爱说爱道了。

为了吸引同伴的注意，他把自己精心收集而来的名人逸闻趣事、各种传说以及忧伤或者欢乐的故事，利用课余时间一一讲给同伴们听。在讲述过程中，他还不时把瞬间迸发出的奇思妙想、出人意料的精彩比喻穿插其中，来增强讲述的趣味性。即使在一般同学很少涉足的知识领域，他也大胆地借题发挥、侃侃而谈、加以评说。久而久之，他竟然能在昏暗的烛光中静静地讲述一个让20人屏息聆听的故事，同学们无不佩服他能说会道、活泼开朗的性格。

他身边的伙伴也多了起来，几年下来，他讲故事的水平竟达到了炉火纯青的地步，他常使同学们想起从袖筒里掏出一大堆五色彩绸的魔法师。当然，他掏出来的不是彩绸而是故事，在惊奇的听众面前一一展示，并且只要讲过一次，就再也不会重复。他讲的故事不计其数，却很少雷同。有一次，他用激情动人的语句将古希腊年轻人如何在阳光普照的奥林匹克竞技场上摔跤、械斗、竞跑、掷铁饼、夺冠，直讲得同学们摩拳擦掌，跃跃欲试，纷纷表示长大后一定要去参加一次奥运会比赛。

即便是后来王尔德写的脍炙人口的童话《快乐王子》，也完全得益于他锻炼出来的"讲故事"的灵感和才能。他的童话，讲述性的特点很强。看他的童话，犹如听着朗朗上口的叙述，韵律无穷。

看他的童话，每每让人觉得，这位生活在19世纪维多利亚时代的伟大作家的肚子里有讲不完的故事，仿佛在和我们娓娓交谈，而我们被他的谈吐折服了，像所有听过他讲话的人一样。

王尔德从小养成的讲故事的习惯，对练习口才来说，无疑是十分重要的。好习惯使人成功，坏习惯使人失败。正如王尔德在后来总结自己为什么能说会道时说："起初我们造成习惯，后来是习惯造就我们。"是的，习惯成就口才。进行口语训练，重要的一点就是抓住一切可以练习的机会多练多讲，讲多了，就能适应，习惯成自然。

练习：

挑选一个你从未读过的故事，在浏览之后，尝试用自己的话把故事讲出来。然后对照故事，查看自己的缺漏之处。当你练习几遍后，试着把这个故事讲给同学或家长听。

Tips：这样成为演说家

如何讲好一个故事

学习讲故事是练口才的一种好方法。因为故事里面既有独白，又有人物对话，还有描述性的语言、叙述性的语言，所以讲故事可以训练人的多种口语能力。那么，如何讲好一个故事呢？

1. 把握好故事情节。要分析透故事中的人物形象、性格特征，以及人物之间的关系。

2. 掌握故事语言特点。故事的语言要求口语性强、个性化强，所以要把故事材料改造成适合我们讲的故事，一定要用自己的语言去讲。

3. 绘声绘色地讲述。选好材料之后，要反复练习，注意设计自己的表情、动作，使自己的感情与故事中人物的感情相融合，做到语言生动、惟妙惟肖。如果你能讲100个以上的故事，讲得动听，讲得精彩，熟能生巧，讲多了口才就来了。

台湾名嘴蔡康永，是一位"故事大王"。他有着怎样的"讲故事"之道呢？一次，蔡康永来到中央美术学院进行演讲，畅谈了什么是有料有趣的故事。他讲道："一个故事之所以让别人爱听，原因有二，一是'有意义'，二是'不顺利'。"他进一步举出了

《小王子》的例子：在遇到小王子之前，很多意象对于狐狸来讲都毫无生趣，可是由于小王子的出现，它们都被赋予了意义。而且，故事只有遭遇"不顺利"，才会精彩。接着，蔡康永便用自己举例子："假使我今天来这里演讲，讲完了就回宾馆睡觉。这样的平淡无奇称不上故事。倘若我上台演讲时，跌了个'狗吃屎'，这便成了个有趣的故事。"幽默而生动的例子引得人们哄堂大笑。蔡康永最后说："我之所以这么爱讲故事，是因为所有人都爱听故事。"

"三管齐下":狄更斯的口才成功之道

狄更斯,这位英国19世纪杰出的小说家,在欧洲还有着"历史性雄辩家"的美誉,他的口才与作品一样,令人叹服。当代英国学者费尔丁曾经这样评价狄更斯:"无论是在他之前,还是在他之后,都没有人能够像他那样同时作为作家和演说家而功名远扬。"

然而,狄更斯小时候却是天生声音低沉、口齿不清。有一次,他应邀出席一个活动,在台上演讲时,他语无伦次,引起了在场听众的一阵哄笑。受到嘲笑的狄更斯刻骨铭心地认识到口才的重要性。于是,他在做了一番周密细致的分析、思索后,决定"三管齐下",苦练口才。

以写培养逻辑思维

逻辑是演讲结构各部分联系的纽带,狄更斯对此格外重视。为了培养自己严密的逻辑思维，长于小说写作的狄更斯写起演讲稿来极为下功夫。落笔前，他这次演讲的结构怎样安排、怎样开头和结尾、怎样前后照应、怎样逻辑推理才能够使演讲充满说服力等问题想得清清楚楚，然后将周密思考后的想法写在笔记本上，并反复修改推敲，把不必要的字、词、句删去，使自己的讲稿简短明快，逻辑严密，层次清晰。

以背规范语言习惯

演讲语言的准确、生动、通俗等特点的成功运用，是演讲成功的关键。狄更斯发现，背诵讲稿是规范语言习惯的一种行之有效的办法。他将讲稿列出全文提纲，牢记它，再以纲带目，逐层背诵。有时候，他还把全文分成三四大段，分段背出，化整为零，再合成整篇背诵，反复练习。这样费时不多，效果却十分明显。在背的过程中，狄更斯还不断揣摩纠正不规范的口头语言，如口头禅、重复啰唆的语句等，极大地规范了语言习惯。

以讲掌握表达技巧

背熟以后，狄更斯便甩掉讲稿，练习演讲所需要的各种表达技巧。为了苦练表达技巧，狄更斯采取了很多办法，他不惜花大量时间跑到大街上讲话，以训练自己的胆量；还跑到海边去对浪花拍击的岩石放声呐喊，以训练自己的嗓音。回到家后，又对着镜子观察自己说话的口型，进行态势语言的练习，包括眼神、表情、动作、姿态等。渐渐地，他不仅纠正了声音低沉、吐字不清的毛病，在眼神、手势、动作等方面也有了质的飞跃，这大大增强了他演讲的说服力和感染力。

狄更斯的"写—背—讲"三管齐下训练法，之所以能有效地提高演讲与口头表达能力，主要原因在于它囊括了全方位演讲过程的要求：在写的过程中训练了逻辑思维，并掌握大量词汇、短语、句式、警句和其他各种丰富的语言材料；在背的过程中强化了规范的语言习惯，可以用书面语言改造不规范的口头语言；在讲的过程中训练了表达技巧，大大增强了他演讲的说服力和感染力。

练习：

阅读文章后，我们发现"写—背—讲"是一套完整的演讲体系。为自己写一篇600~800字的演讲稿，分段背诵下来，然后脱稿演讲。注意要对着镜子练习自己的手势和神态哦！

Tips：这样成为演说家

改变大舌头的10个方法

大舌头是口语病的一种，主要表现为发音不准、吐字不清。原因在于舌底下正中处的舌系带过短，使舌的正常活动受到限制，舌不能伸长至口外，或向上卷不能接触上腭。其实，大舌头也是可以经过后天训练而改变的。

1. 顶舌练习。舌尖放在齿背后，再向嘴外慢慢伸，伸得越长越好，然后迅速收回。

2. 伸舌练习。舌放平后，再向嘴外迅速伸出，迅速收回，伸得越长越好。

3. 鼓舌练习。舌尖用力顶左腮，顶的面部越鼓越好，然后用同样的方法顶右腮，一下左一下右，反复多次练习。

4. 勾舌练习。舌尖抵住上齿龈，舔着上颚往后勾，勾得越长越好，但不要把舌系带扯疼，然后用舌尖舔着上腭慢慢放回齿后。

5. 卷舌练习。舌头的两边向舌中间卷成筒状后，再向嘴外吐出，一伸一进。

6. 咬舌练习。舌头平放，用牙齿轻轻咬舌面，牙齿边咬舌头边往外伸,然后再慢慢地边咬边缩回。

7. 咀嚼练习。舌头由左到右,由右到左摆动,像吃东西时咀嚼的感觉。

8. 打响练习。舌头贴上腭,由外向里吸舌头,发出"嗒嗒"的响声。

9. 舔唇练习。舌尖由上唇自左向右转一周,再自右向左转一周,然后还可以上下舔唇练习。

10. 舌根练习。舌根上隆起顶软腭,一上一下迅速进行练习。

想要练口才,怕出丑怎么行

萧伯纳不仅是英国杰出的戏剧家,也是一位出色的演讲家。有趣的是,他学演讲的过程也颇具"戏剧性"。

萧伯纳年轻的时候是个非常胆怯的人。20岁那年,他初到大城市伦敦,胆子非常小,不好意思见人。一次,别人请他去做客,他在河堤上走来走去,磨蹭了20多分钟,才壮起胆子走到别人家门前。到了门前,他还是情绪慌乱,不敢去敲人家的门。还有一次,朋友邀他去参加学术辩论会,他在会上万分紧张地站起来,结结巴巴、语无伦次地发言,结果受到别人的讥笑,有人甚至说他是傻瓜。对于年轻时的胆小和恐惧,后来的萧伯纳坦然承认:"很少有人像我这样因为胆小而痛苦,或极度地为它感到羞耻。"

当他意识到自己不敢大胆讲话这个严重的缺点后,便发愤练习演讲，决心把自己的缺点变成优点。他为自己制订了一个训练计划——以学溜冰的方法练习演讲。他联想到自己初学溜冰时也很恐惧，但后来终于在一次次狼狈不堪的摔倒中逐渐熟练掌握了成功的要领。可见，不上溜冰场，就学不会溜冰，同样的道理，如果不当众练习，自己就不可能真正学会演讲。他下定决心，一定要抓住任何一个开口说话的机会，不怕出丑，因为只有这样，胆怯才会渐渐地远离自己，否则，自己永远都只是个胆小鬼。于是，他先是勇敢地报名加入了伦敦的一个辩论学会，每个星期都坚持当众演讲。刚开始，别人都把他当成一个"小丑"，取笑他，甚至轰他下台，但他始终坚持演讲完毕再下台。他一次又一次地向自己挑战，内心里总是一遍遍地高喊："我不怕出丑！""我不怕出丑！"

慢慢地，他变得胆大起来，演讲也流利多了。从不怕出丑中尝到了甜头，萧伯纳开始寻找更多的锻炼机会。此后，每逢有公众讨论的聚会，不管是在教堂、学校，还是在公园、码头、市场；不管是在挤满上千听众的大厅，还是在只有寥寥几人的地下室，他都踊跃参加。并且，他还全身心地投入到社会运动中，四处演讲。有人做过统计，在此后12年中，他的演讲次数达到了1000多次，几乎在全伦敦的每个地方都能看到他慷慨陈词的身影。

当然，战胜自己的过程是困难的，萧伯纳饱尝了怯懦、恐惧的煎熬，以及别人讥笑的折磨，但他始终未退缩，而是以强大的毅力坚持了下来。结果，他从一个自卑怯懦的青年，变成了20世纪上半叶最出色的演讲家之一。后来,有人问萧伯纳:"您是怎样学会声势夺人地当众演讲的?"他回答说:"我固执地、一个劲儿地让自己出丑,直到娴熟为止!"

萧伯纳学演讲不怕出丑的精神很值得我们学习。生活中有很多人不敢当众说话,一开口就语无伦次,其实这都是胆怯心理在作怪——怕出丑、怕丢面子。勇敢是演讲的前提,自信是成功的秘诀。但愿大家能从萧伯纳的成功经验中汲取智慧,不怕挫折,不懈进取,在追求卓越的口语表达能力的道路上,变渺小为伟大,化平庸为神奇。

练习：

你害怕当众演讲的原因是不是担心自己出丑呢？你需要为自己做积极的心理建设：演讲需要自信。当你树立起信心后，尝试在公众场合多表达自己的想法，时间一长，你自然就不再害怕表达了。

Tips：这样成为演说家

性格内向的人如何锻炼口才

性格内向的人通常口才都很差，那么性格内向的人如何锻炼口才呢？

首先，练心理。内向的人往往自卑感强、羞于启齿，尤其在大庭广众之下不敢说话。所以要有意识地训练自己的心理素质，强迫自己到人多的地方去演练，比如街头、超市、广场、公共汽车上等，哪里人多就去哪里，然后面对人流把自己事先准备好的内容大声讲出来，可以是一个小故事，也可以是自己的一段经历，从而训练自己在大众面前说话的心理素质。只要能够勇敢讲出第一次，第二次、第三次就会愈发有信心，越讲越敢讲，越说越能说。

其次，增加知识储备。有些内向的人不敢说，是因为没什么可说的，怕自己说不好。胸无点墨，说话就没有底气；满腹经纶，说话就能超有自信。所以，内向的人还要多注意积累各种知识、素材、故事等，腹有诗书气自华，讲起来自然就不怯了。

向成功者学习、安东尼·罗宾的演讲成功之道

全球著名励志演讲大师安东尼·罗宾的口才十分了得。他是世界上演讲费最高的人，他在美国的演讲场场爆满，一个小时演讲费用高达8万美元。不仅如此，他还是全世界多位国家首脑、企业家的私人顾问，美国前总统克林顿、英国王妃戴安娜、南非前领导人曼德拉等都接受过他的辅导。

然而，成功之前的安东尼·罗宾口语表达能力很差。高中时，因为口语表达不佳，女友向他提出分手，并爱上了一个比较会说话的人。痛苦之余，他下定决心练演讲，并且抱定了"要成功就必须跟成功者在一起"的信念。他费尽周折，终于如愿拜心中仰慕已久的成功者——著名潜能开发演讲大师吉米·罗恩为师，开始了他的苦练口才之路。

安东尼·罗宾相信，别人能够做到的，自己同样也能做到。他首先从拷贝成功者的精神、信念开始。他总结吉米·罗恩是抱着一种什么样的信念、什么样的心态来演讲，如何站在台上面对观众。通过总结，他发现，原来吉米·罗恩能够很自信、很轻松、很流畅地演讲，是因为他在心态上对自己的演讲百分之百的自信。而之所以站在讲台上，是因为自己有着非常棒的方法与资讯，迫不及待地想要和更多的人分享、交流。所以，他演讲起来，就不会有很大压力，心态上就会很放松。

然后，他又模仿吉米·罗恩的演讲策略。演讲策略，即是演讲时所运用的技巧。安东尼·罗宾在模仿学习中不仅认真揣摩吉米·罗恩的演讲思路，而且仔细分析其语言表达技巧和修辞手法，以深谙其中的道理，透彻理解吉米·罗恩的演讲是如何环环相扣，充满悬念的。分析他为什么要这样说，这样说的好处在哪里，尽可能完整地学习对方的优势。

不仅如此，他还"借鉴"吉米·罗恩演讲时的肢体动作。包括表情、语速、语调，甚至是一些相关的习惯。安东尼·罗宾除了尽量地去"借鉴"这些肢体动作达到"形像"外，还去深入分析吉米·罗恩为什么要这样来安排这些动作，以做到形神俱似。比如，安东尼·罗宾现在一上台就表情丰富，"手舞足蹈"，嘴里不停地大声喊"YES（是的）"，现场与听众互动充满活力。这都是从"成功者"那里学来的。

安东尼·罗宾原本情绪低落，说话胆怯，而且语无伦次，不着边际，但经过不断地学习锻炼，现在，他对自己充满了信心和力量，并能够很好地组织演讲材料，运用多种表达技巧，将多个励志故事编织在一起，讲起来声情并茂，充满天才般的思维和智慧。

有人曾问安东尼·罗宾："你的演讲如此精彩，成功的秘诀是什么？"他说："在我看来，跟成功者在一起，向成功者学习是通往成功的捷径。"

练习：

找一位你最喜爱的主持人或演说家的一段视频，模仿他的语言和动作，并让同学帮你看看是否模仿得到位。

Tips：这样成为演说家

肢体语言运用技巧——手势

肢体语言中最重要的就是手势，手势是为了补充或强调你的观点而采取的有意识的动作。首先要注意，别让你的手势过于机械化，使你看上去像个机器人，或者显得表情僵硬，不够自然。恰如其分的手势应是自然而有节奏感的，具体要做到三个一致：

第一，要同演讲的内容和表达的情感相一致。传递的激情和信息很多，手势却很小，听众会感到摸不着头脑。

第二，要和表达的时机相一致。讲话的内容和手势一定要在时间上同步，比内容慢半拍的手势容易让人发笑。

第三，视线要和手势的动作方向相一致，谈话和演讲中一定要注视自己的手势，假如视线向左，而手势动作向右，那就不伦不类，令人笑掉大牙。

奥普拉、"脱口秀女王"的口才是怎样练就的

奥普拉·温弗瑞出生在美国南部的贫民窟里,但她的名字在美国几乎是无人不知、无人不晓。她从小信奉"要想成才,先练口才",并时刻践行这一信条,最终成了世界顶尖的名嘴,被誉为"脱口秀女王"。那么,她的口才是怎样练就的呢?

玩采访游戏

奥普拉小时候经常用风干的玉米棒子做成娃娃,并对着娃娃玩采访游戏,自言自语,自问自答。通过这种采访游戏,小小的奥普拉不仅练就了当众说话的胆量,而且培养了自己的口头表达能力。

上小学后,奥普拉更是把这种游戏玩得淋漓尽致,她与同学们轮流扮演采访者,进行互访,并规定,先前提过的问题不能重复。所以他们每次都要苦思冥想,以便提出更新、更有趣的问题,并且

用准确的语言流利地表达出来。奥普拉现在之所以有超级敏锐的觉察力，并能够恰如其分地把握采访点，提出最有针对性的问题，不能不说是得益于她小时候"玩采访游戏"打下的良好基础。

读、背、写一条龙

随着年龄的增长，奥普拉越来越觉得"没有广博的知识，就没有出众的口才"。于是，她给自己制订了一个"博览群书，提高口才"的计划，即规定自己每周去图书馆选一本好书，读完它，并背诵其中的箴言佳句，还要写一篇读书报告。

她的"读"，不是默读，而是朗读，在朗读中有意识地锻炼自己的口齿，要求自己语音准确、吐字清晰；她的"背诵"，不仅重"背"，更重的是"诵"，这样，既培养了记忆能力，背下了很多名句，又在准确把握书中内容的基础上进行了声情并茂的表达，很好地训练了口头表达能力；除了"读""背"，她还"写"，在读书报告的构思与写作过程中，既锻炼了逻辑思维能力，又增强了组织语言的能力。

"读背写一条龙"的方法，令她口才提高很快，成为校园里活跃的"小演说家"。16岁时她赢得艾尔克斯俱乐部演讲竞赛一等奖，并因此获得了到田纳西州立大学深造的奖学金，而且作为田纳西州甄选的优秀中学生代表，赴白宫参加会议，受到尼克松总统的接见。

公开演练

进入田纳西州立大学后，奥普拉为了更好地锻炼自己的演讲技巧,特意研修了一门课程——演讲与语言艺术。她一方面刻苦学习钻研演讲理论知识,另一方面更注重公开演练。她参加了一个演讲俱乐部,几乎每周都要登台演讲一次。为了争取更多锻炼口才的机会,大一时,她不怕自己长得不漂亮,踊跃报名参加田纳西州小姐大赛;大二时,她又到当地电视台做兼职播音。大学毕业时,她已经变成了校园里出名的"脱口秀"达人。后来,她进入芝加哥电视台,主持访谈节目《芝加哥早晨》(即后来著名的《奥普拉·温弗瑞脱口秀》)。在节目中,奥普拉总是能以智慧、幽默、真诚的话语打动观众的心。

奥普拉主持的脱口秀节目,曾经在世界上144个国家播映,每周有4900万美国人收看,成为电视史上收视率最高的访谈节目,她也成为无可争议的"脱口秀女王"。2018年1月8日,奥普拉获第75届金球奖终身成就奖。

练习：

利用课余时间去图书馆借一本自己喜欢的书，阅读后挑出里面的好句子，并尝试背诵它们。写下读书笔记，并用自己的话把这本书推荐给身边的同学。

Tips：这样成为演说家

同学互助练口才的方法

同学们在一起可以结成互助练习小组，一起互动练口才。最有效、最实用的方法，就是角色扮演。

比如，可以选择小品中的角色，几个同学演小品，扮演作品中出现的不同人物，扮演主要是在语言上的扮演。这种训练的目的，在于锻炼如何说好台词，培养语言交流中的适应性、个性，以及适当的表情、动作等。

互助练口才的方法还有很多。再比如，模拟法庭辩论。只要同学们热爱口才训练，就一定能创造出更多方法，练就一副好口才。

说话，最大的艺术就是同一句话怎么说，并且如何说到重点。

——刘墉

第二章

演示篇：名人谈话练习技巧

彭于晏、言由心生,情由感发

有一次,记者问彭于晏:"如果可以跟一个人交换一天,你想跟谁换?"有着演艺圈"拼命三郎"美誉的彭于晏回答说:"我要跟脸书的创办人扎克伯格交换,想知道他的一天在忙什么,看看这么厉害的一个人,怎么分配他一天的时间!"真是物以类聚,什么样的人就向往什么样的生活。因为扎克伯格是互联网界"最狠的拼命三郎"。彭于晏就是这样言由心生,说的都是发自肺腑的话。

"我就是没才华,所以才用命拼"

为了拍电影《翻滚吧,阿信》,彭于晏每天进行10余小时的体操练习,苦练8个月,活生生把自己练成一个专业体操运动员;因《海豚爱上猫》,他获得海豚训练师的资格;拍《听说》,学会手语;为《激战》他练就格斗技能。记者问他:"为何那么拼?"

彭于晏说："我就是没有才华，所以才用命拼。我不怕吃苦，就怕学不到东西。做每一行，做每一件事，你必须得听从自己内心的声音，你要踏踏实实地去做自己想做的事。你第一步不够，第二步不够，再迈第三步……你得一直一直做下去。做完了之后，你就会得到大家的认可，自己也会有满足感、成就感，会很开心。"

彭于晏是一个为表演拼命的人，每拍一部片子，他都能学到一项新技能，为什么他能做到，因为他时刻听从自己内心的声音，其实这个声音就是梦想，有梦想就有动力。所以他能感悟提炼出金句"我就是没有才华，所以才用命拼"，此言让人听起来并不矫情，完全是由衷的"言"于律己、自我精进的话。

"我常常会自己跟自己发脾气，但从不向别人发脾气"

记者问："这么多年，你从来没有对媒体黑过脸，从来没见你发过脾气，你是如何做到没有负能量的？"彭于晏说："我也会发脾气。但我发脾气是有时候对自己要求比较高，工作上希望大家都做得更完善。我常常会自己跟自己发脾气，比如我没睡觉也会生气，但工作的时候就不会这样，从不向别人发脾气。我觉得冲别人发脾气很幼稚，理智点儿来说，如果你攻击我，我回你一拳岂能解决问题？"

发脾气是本能，控制脾气是本领。彭于晏可谓深谙此理，他将自己对脾气的认识和感悟以及自己控制脾气的方法娓娓道来，让人领略了他与人为善、宁可委屈自己也要顾及他人的处世技巧与美德。

难怪每一个跟彭于晏合作过的人都对他赞不绝口。要想有好人缘、好口碑，就得学会控制自己的情绪，培养好的性格，不发脾气或少发脾气。

"做自己喜欢的事，再累都合理"

有一次，记者直接问："你有没有感觉最累的时候？"彭于晏回答说："其实还好，没有最累的时候，因为永远都会有更累的时候，所以需要调整心态。我不会用累来形容自己，我会觉得很辛苦，但也会很开心，做自己喜欢的事情，再累都很合理。说实话我觉得做演员已经非常幸运了，可以到处拍戏认识不同的人，学到不同的东西，很少职业有这样的机会，我觉得做演员是最好的工作之一。所以我从来不觉得应该要抱怨说很累，当然会有辛苦的时候，但每一个工作都辛苦啊。累并快乐着，苦并收获着。"

心态决定话语的态度和高度，心态决定了苦与乐。彭于晏其实也像正常人一样对工作有享受，也有苦累和疲倦，但他更有着良好的自我认知和积极向上的阳光心态，所以他没有喊累，非常自然地觉得做自己喜欢的事就是应该累并努力着，一句"再累也是合理的"的回答，表现了他不同寻常的"苦累观"。这句话很触动人，有助于我们正确面对各种苦累。

2018年暑假档，彭于晏在《邪不压正》中的演技再获好评，谈到拍完这部电影为何一整年没接新戏，他说："《邪不压正》就像是一杯威士忌，拍完'醉'了一整年，我现在还回味着，没走出来。"

练习：

与人交谈时，少不了对细节的描绘。选择你身边的一个同学，观察他的动作、神态和语言习惯，并写下来，然后拿给其他同学品评，看看你是否观察入微、描写细致。

 Tips：这样成为演说家

如何才能说话得体

说话得体，彰显了一个人的修养和教养。那么，怎样可以做到说话得体呢？

1. 切忌太直接。有的人锋芒毕露，直言不讳，尖锐刻薄，很容易失语失态。真正有口才的人总是温文尔雅，说话婉转动人。比如你要赞美一个人的时候，最好不要太直接从你的口中说出"她很美"，而可以说"他们都觉得你很美啊"，这样通过别人来达到赞美她的效果，比你直接说出来更得体，也更显得真诚。相反，如果是批评对方，千万不要太直接，也千万不要通过第三者告诉当事人，避免添油加醋，应该是婉转地说或私下里说。

2. 不要总显得自己很厉害。不要在别人面前夸耀自己。这样显得很不谦虚，如果别人觉得不如你，自然会疏远你。

3. 不要太矫情。矫情，是指一个人说话做作，故作姿态，掩饰真情或故意违反常情，甚至强词夺理，无理也要辩三分。说话矫情的人，往往因其虚情假意，不实在、不真实，而让人诟病，令人厌烦。

赵丽颖 "圆脸女神"妙谈"成功之道"

"能不能演好戏跟脸型有必然的联系吗？要是我没那个实力，就算削尖了下巴又有什么用呢？人人都是锥子脸又有什么意思？跟别人不一样，才立得住口碑。我这个脸型是爹妈给的，我就得爱它、接受它，没准以后还会流行我这种圆嘟嘟的脸型呢！"凭着这样一种自信，天生一张标准圆脸的赵丽颖，不仅走上了演艺之路，成为时下最具人气的演技派小花旦，而且言语交际总是妙言要道，励人向上，深受观众热捧，被誉为"最励志圆脸女神"。

"我没有靠山，自己就是山！"

谈起自己的背景时，赵丽颖说："我是河北廊坊人，我父母以前都是农民。小时候我的成绩不够好，虽然中考前经常熬夜念书，但还是距离重点高中的录取分数线差了一大截。后来我报考了廊坊市电子信息工程学校的空乘专业。是的,我非专业科班出身。因为从小喜欢看电视剧,所以就在一个很偶然的机会进入演艺圈。我一直告诉自己:我没有靠山,自己就是山!我没有天下,自己打天下!我没有资本,自己赚资本!"

巴尔扎克说:"真正有才能的人总是自信的、坦白的、爽直的,绝不矜持。"赵丽颖毫不隐晦,直抒胸臆,将她和她的家庭情况娓娓道来,这种真诚坦白、不浮夸的话语不由得令人心动。她更是一展自我本色,发出"不靠父母靠自己打拼"的掷地有声的宣言,表达了豪迈自信的情怀和一往无前的精神。

"我的努力配得上这份幸运"

2015年12月,赵丽颖凭借《花千骨》,一举夺得澳门电视节"视后"。现场有记者说她"太幸运了!"赵丽颖坦言道:"我刚入行的时候,对表演这件事情是很懵懂的,几乎没有什么概念,也没有设定太远大的目标。后来通过一部部戏的积累走到今天,相比那些付出半辈子依然在跑龙套的人而言,我觉得自己实在太幸运了,但我更感到自己的努力配得上这份幸运。出道这么多年,我一个人出来单打独斗,拼了很多年,从前什么都不懂,到现在终于懂得抓住每一个机会去学习,经历了种种考验,才磨炼到今天。"

赵丽颖宠辱不惊,言语淡定,恰如其分,她没有像一些人那样虚伪而一味地归功于"幸运",而是能够一分为二地看,承认幸运但绝不讳言自己的努力。努力的人终会被幸运光顾,正如有句话这样说:"越努力,越幸运。"每个人只有树立像赵丽颖这样的"幸运观",才能用努力赢得幸运,做到"你有多努力,就有多幸运"。

"我还没到演技爆棚的那一刻,我只是'小荷才露尖尖角'"

2017年赵丽颖主演的电视剧《楚乔传》,为观众呈现了她在造型和表演上的无限可能。记者在首映会上赞誉她:"演技爆棚,不愧是粉丝心中的'女神'。"赵丽颖谦虚地说:"我不希望大家把我想象得太过完美。我就是个普通的女孩子,有我想做的事情。我也没到演技爆棚的那一刻,我只是'小荷才露尖尖角',所以我总要想尽各种方法,在戏中努力地让自己往角色上靠,希望演出来尽量自然。"

诸葛亮说:"不傲才以骄人,不以宠而作威。"赵丽颖抱朴守拙,不露锋芒,谦恭贬己,自警自省,自喻刚露尖尖角的"小荷",自谦事业尚未成功,不仅表现了她没有因为演技爆棚而恃才傲物,更说明了她宠辱不惊,淡泊明志,宁静致远,不为名利所累,不为繁华所诱的清静圆满心态和至高追求。

赵丽颖在2006年参加选秀出道,时年19岁,如今,她自己评价:"出道十多年,成功刚刚好,开局圆满。"诚哉斯言,赵丽颖的话语不仅道出了她的成功之道,而且对每一个青少年朋友也都是极好的励志箴言,值得好好领悟,躬身践行。

练习：

语言精练在回答问题时能为我们加分，找几个小伙伴围坐在一起，互相提问，然后各自回答，尽量听清问题，用清晰简练的语言作答。

Tips：这样成为演说家

如何简练地表达

语言精练是口才的重要内涵。唐代诗人皮日休说："百锻为字，千锻为句。"我们该如何简练地表达呢？

简练，就是语言简洁精练，言简意赅，就是做到惜字如金，能够用三个字表达清楚的，绝不用四个字、五个字。具体要做到：不说废话，即不说与中心思想、主要内容无关的话；不说啰唆话，即不说没有必要重复的话；不搞词语堆砌，要善于用词，追求语言生动形象，这是没错的，但是不能一味地去堆砌华丽的辞藻。辞藻堆叠，反而会弄巧成拙，让人莫名其妙。

语言简练，并不是一件容易做到的事。美国第 28 任总统威尔逊是著名的演说家。有人问他："您准备一份 10 分钟的讲稿，得花多长时间？"威尔逊答："两个星期。"人又问："准备一份 1 个小时的讲稿呢？"他答："1 个星期。"人又问："准备 2 个小时的讲稿呢？"他答："不用准备，马上就讲。" 威尔逊的话表明：语言精练、明了的程度越高，花费的思考时间就越长。从这个角度讲，精心锤炼词语，力求准确传神，应成为我们语言简练的最高追求目标。

妙语如歌,唯有胡歌

胡歌出道十多年,不仅踏实努力,从偶像派成为实力派,演技炉火纯青,而且十分阳光随和,有着"妙语如歌"的口才。

妙讽炒作

胡歌接受专访,记者问他:"怎么才能成为红人?走红有什么秘诀吗?"胡歌回答说:"我觉得走红可以有很多方式,如果你是一只虾米,放在锅里'炒一炒'就红了,但似乎我没有那口锅,就算有也是背在背上负重前行,让我更扎实地走好人生的每一步。"妙语连珠,谐趣动人,赢得一片笑声和掌声。

胡歌的每一步都走得踏实认真,才有了他今日的成就。他的"红"不含杂质,不会褪色,所以他言语坦荡,敢于自嘲和调侃,大胆讽刺一些炒作者"红了却也只是虾米",令人警醒。

妙谈创伤

十几年前，24 岁的胡歌一夜爆红后，没想到惨遭一起严重车祸，脖子及右眼缝合了 100 多针。如今谈起过往，胡歌说："车祸并没有让我胆子变小，对我最大的影响是，给我的人生书写了一个大大的惊叹号。以前我过的是没有标点符号的人生，不管是学业还是事业，都是一帆风顺一气呵成，连个逗号都没有，突然来了一个惊叹号，告诉我，原来波澜起伏的才是人生。但我不会因为有这个惊叹号，很多事就不敢做了，反而更无畏，都死过一次了，还有什么可害怕的？既然我活了下来，就不能白白地活着。所谓过去的经历，放下之前是伤痕，放下后便是勋章。皮囊坏了，就用思想填满它，让苦难开出花来！"令人深受感染。

鲁迅说过："用笑脸来迎接悲惨的厄运，用百倍的勇气来应付一切的不幸。"无疑，胡歌就是这样做的，并且做到了涅槃重生，演技爆发。胡歌把车祸比喻为"惊叹号"，体悟到了人生的波澜起伏，不仅更加懂得了生命诚可贵，学会了放下，而且陡增了不白活一回、把苦难变成花的勇气和自信，终于华丽转身，创造了人生的又一个高峰。

妙论成熟

胡歌出席一场活动，主持人连夸带问："十年荏苒，你还是你，但已告别青涩走向成熟。有人说，你已经从'奶油小生'转变成为'成熟沧桑'的男人了。你怎么看？"胡歌说："一个人的成熟，并不表现在获得了多少成就上,而是面对那些厌恶的人和事,不迎合也不抵触,只淡然一笑对之。当内心可以容纳很多自己不喜欢的事物时,这就叫气场。能够善待不太喜欢的人,并不代表你虚伪,而意味着你内心成熟到可以容纳这些不喜欢。我觉得,这是成熟的一种至高境界。"

成熟是一种人生境界。胡歌有着自己独到的认识和见解,他并没有单纯地将成熟划归于自己取得的成就,而更多的是表露自己为人处世、待人接物的原则和方法。俗话说,人情练达即文章。胡歌的"成熟观",含义更多的是一种宽容、包纳,善待自己不太喜欢的人和事,做到和谐相处,方为"气场""大气"。这一番话,可谓至理名言,指点迷津,让人深受教益和启迪。

这就是妙语如歌的胡歌,这就是勇于超越的胡歌。他历经磨难也要一路高歌,善言善行,永远向上。我们都当在最好的年纪,以最佳的状态,成为最圆满的自己!

练习：

思维敏捷是好口才的基础之一。找到两个关系不大的物品，利用这两个物品造句，熟练之后再增加两个物品，试着表达一段话，以此类推，可以锻炼我们的逻辑思维。

 Tips：这样成为演说家

如何让你的思维更敏捷

思维是口才的基础，口才是思维的表达，有好思维才有好口才。如果思维不敏捷、不清晰、不严密，语言的表达也就不可能流畅动人。思维能力训练的方法有以下几种：

1. 逻辑思维。它使思维显得严谨、有条理，使结论令人信服。逻辑规律要求人们思考问题和表达思想时，要保持统一性，不能自相矛盾，不能模棱两可，要有充足的理由。

2. 形象思维。它会为语言插上幽默的翅膀，改变语言的枯燥、抽象、凝重，让人听起来兴味盎然、意趣横生。

3. 创新思维。它能培养人的"创意口才"，让你的语言更富个性化，彰显个人独特的气质和风格。

4. 发散思维。它能使你从多方面、多角度探索答案，让你的语言更丰富生动。从一定程度上来讲，它是即兴口才的源泉。

5. 逆向思维。即从反向角度来看问题，它可以让人豁然开朗、茅塞顿开，说出许多靠正常思维说不出的话。

孙俪妙语连珠,巧喻甄嬛、芈月

由孙俪主演的古装剧《芈月传》一登录荧屏,就迅速掀起了"全民赏月"的收视狂潮。在北京卫视首播会上,饰演女主角"芈月"的孙俪成为全场关注的焦点。面对记者的各种问题,她如数家珍,巧譬妙喻,意趣横生,给人留下了深刻印象。

"甄嬛"是部门经理,"芈月"就像 CEO(首席执行官)

孙俪演完"甄嬛",又演"芈月",两个女性角色会有雷同吗?她们究竟有什么不同呢?面对记者的疑惑和追问,孙俪打比方说:"如果说甄嬛是一个公司的部门经理,那么芈月就像是一个集团的CEO,她们二人管的层面不一样,每天思考的层面也就不一样。甄嬛面对的只是后宫以及女人之间的叽叽歪歪,格局小。芈月格局更大,不拘小节,她面对的是一个国家,她的目的是要一统江山,所以根本不属于甚至很厌烦与后宫的女人们争权夺势。就像一个CEO才不会去管员工们上班打不打卡、迟不迟到之类的小事，那是部门经理才会纠结的事。甄嬛是跟后宫的女人争斗，而芈月更多时候是跟男人争斗、跟其他的国家斗。所以演完这部剧，我自己都变大气了。"现场的人都秒懂大笑。

芈月和甄嬛的不同之处，孙俪用"公司CEO"和"部门经理"两个不同职位的精辟比喻，就让大家认识到了她们不同的人生格局、交际范围、生存方式和处世方法，乃至完全不同的命运结局。孙俪虽然没有讲太多的剧情和故事，却能把两个人物区别得如此分明，不能不佩服她妙语连珠的口才。

背台词就像"老牛吃草"

《芈月传》热播，但里面不少生僻字却让观众蒙了，一不小心就有把《芈月传》认成《半月谈》的可能。面对记者的调侃，孙俪深有同感地说："确实如此，接演《芈月传》第一道难题就是剧本中大量的生僻字，不光是'芈'字，所有台词都非常考究，我第一次读剧本时，是拿着新华字典读的，很多字真的不认识。背台词就像'老牛吃草'，我在开拍前两个月就把自己懂的、不懂的全部吞进去，整个台词都背下来了。然后我再调出来细细回味，让我老公一遍一遍帮我对词儿。这个过程就像老牛反刍一样，通过这样的方式咀嚼之后，那些台词以及台词反映出的人物性格，都已经融入到我的大脑乃至我的生命里。"这话赢得现场热烈的掌声。

拍古装戏,台词一直是演员们难以逾越的一道坎儿,而孙俪却能驾熟就轻,从没有遇到台词困扰,因为她把工夫都花在开拍前。她形象地将自己早做功课、苦练台词的过程比喻为"老牛吃草",先吃后嚼,不断"反刍",消化吸收,让台词和角色真正入脑入心。难怪导演郑晓龙赞誉孙俪说:"孙俪非常用功,表演收发自如,对人物把握分毫不差。如果说甄嬛是孙俪演出来的,那么芈月就是孙俪自己,她登上了一座高峰。"

家长都希望"小孩"成龙成凤

孙俪出演电视剧,部部都是女主角,拍一部,火一部。如今,《芈月传》能火过《甄嬛传》吗?面对记者的这个问题,孙俪说:"我不敢说,就像我生了一个小孩,当家长的都希望自己的孩子能成龙成凤,出人头地,有一个美好的未来。尽管我也很用心地去培养他,但他能不能成龙成凤,那只能等他长大那一刻才能见分晓。"

孙俪虽然没有直接回答《芈月传》一定会火的问题,但她通过巧妙的比喻——剧集就像是自己生的"小孩",其情真真,其意切切,充分表达了自己对新剧再创收视新高的良好期盼。同时,她也虚心大度地表示了不惧吐槽,愿意接受大家批评的良好心态。一番话语让人感受到了她的好口才和真性情。

练习：

面部表情最生动的部分就是眼神。每次与人交流时，提醒自己注视交谈对象，当处于人数较多的场合时，尝试用扫视法，与听众的眼神进行广泛接触和交流。

Tips：这样成为演说家

如何让言语富有修辞美

言语交际中，说话仅仅达意是不够的，还要传神。达意的言语只是一般地表达了意思，传神的言语才能生动地表达意思；达意的言语只让人听得懂，传神的言语还能使人感动，具有欣赏性。

怎样才能使言语"传神"呢？这就需要学习和掌握运用修辞手法。比喻，使言语具有形象美；拟人，使言语具有人情美；排比，使言语具有结构美；夸张，使言语具有诙谐美；回环，使言语具有音乐美；引用，使言语具有典雅美；对偶，使言语具有对称美。如何学习修辞呢？主要是从美文佳作中学习。同学们只要平时在说话中注意使用修辞，来表达自己的思想和感情，就一定能让自己的话语绽放光彩。

话语明朗,妙言要道的江疏影

有人问江疏影成功的秘诀,她说:"做你想做的,做好自己最关键,永远都不要停止成长!"董卿在《朗读者》节目里用"疏影横斜水清浅,暗香浮动月黄昏"来形容她,这句诗不仅隐含了江疏影的名字,而且和她的性格很相似,那种梅花不畏严寒的坚韧倔强的劲儿。每每谈起自己的人生经历,江疏影总是话语明朗,妙言要道,给人以智慧的启迪。

越挫越勇

谈到自己倔强的个性起源,江疏影说:"我从小是练艺术体操的,那种练习会很痛,教练都特别狠,压腿如果压不下去,都直接按,一按就是五分钟。还有跳双飞,你跳不过去,就留你一个人在训练场里,然后把灯都关了,晚上再来喊:'江疏影,出来吃饭啦。'

有时候，我们会训练倒着跑步，跑得很快，经常就是砰一下摔倒在地上，磕到头了，然后起来继续跑。从小学艺术体操，让我把这辈子的苦都吃了个遍。但我不是个柔弱的女孩，练体操练出了我越挫越勇的吃苦劲头，后来我照搬到大学和演戏当中，埋头苦学，死心塌地地学。我一直都觉得我从小到大都不是一个很幸运的人，是越挫越勇的那股子倔强劲儿成为决定我人生命运的必要条件。"

江疏影溯本求源，微言大义。她追根究底，将自己越挫越勇的品性和盘托出，深刻阐明了这四个字对自己人生的重要影响，让人思悟她绚丽灿烂的成功背后，原来是有这么一种力量在支撑。越挫越勇是一种难能可贵的品质，只有在挫折中勇往直前，浴火重生，才能够发挥更大潜能，实现更大成功。

经历造就价值

江疏影从上海戏剧学院毕业后，并没有选择直接进入演艺圈拍戏，而是只身前往英国继续求学。谈到留学经历，她说："最美的青春要留给梦想，我想走属于我江疏影自己的路，这条路没有什么错误和正确，因为那是我的选择。于是我提着两个100斤的大箱子，义无反顾地去英国读硕士。可等我到了英国之后，语言障碍让我感到异常沮丧和迷茫。但是回国是不可能了，我只能告诉自己，这条路是自己选的，没有任何退路，跪着也要走完。我从零开始，一个一个单词开始啃。当时有一本1000多页的经济学科书，我通过一个个查字典的方式在每个单词上面备注中文意思，最后把这本书成功'拿下'。为了练习口语,我去餐厅打工,每天端盘子、擦桌子、收拾残羹剩饭,一天下来脚都磨破了。但是我要逼迫自己到那个环境里,才能把英语提高。最终顺利完成学业回国后,一位表演老师对我说'你错过了国内最缺演员的两年,现在年纪大了,不好演戏',我说,学历对我来说并不重要,重要的是这段经历造就了我的价值,使我和别人不一样。"

江疏影铺陈渲染,感悟升华。她娓娓道来自己留学的初衷,不走寻常路,只为深造自己。但理想是丰满的,现实永远是骨感的,历经磨难的她没有丝毫后悔,而是言由心生,倾情抒发了磨难让我们的生命更有价值的道理,越是逆境,就越要经受磨难砥砺。

"熬20部戏"的精神

谈到自己对未来的期许,江疏影说:"我很喜欢张曼玉,她是位很有实力的女演员,也很有态度。你看她总在坚持做自己想做的事情,在别人都以为她会拍戏的时候,却跑去唱歌了,她说'演了20部戏的花瓶,可是在第21部成功了,我就是成功了',她还说'我从小有个梦想就是唱歌,虽然我现在唱歌走音,但请大家再给我20次机会。只要一天没有闭上眼,我就需要不断向前。一个人如果每天只购物、吃饭、看电影是不行的,必须得做有意义的事,即便是一些小事,但也是一种积累。因为生活在不断向前,如果自己不去寻找新东西,也要去迎接新东西,否则就永远被落下'。我很欣赏和羡慕这种对待生活和事业的态度,希望我也能有这样一种'熬20

部戏'的精神,坚持做自己,不被太多东西束缚。"

江疏影托人言志,情真意切。她借偶像张曼玉不惧当花瓶、苦熬磨炼演技和不懈追求把歌唱好的精神,来自我激励,自我明志,活出最好的自己。任何成功都是时间的积累,厚积薄发永远是成功的真谛。不要幻想一夜成名,没有一个明星是凭借一首歌、一部戏就功成名就的,要成为真正的大家,必须得有丰厚的底蕴。

江疏影,一个名如其人的女孩,一直用明亮疏朗的话语照亮自己前行的道路,一直用倔强的行动践行着她的信仰。

练习：

对别人微笑，尤其是在讲话和聆听时，当对方看到你脸上善意的笑容，会有想跟你交流的欲望。最初可以对着镜子练，等微笑成为习惯，你便拥有了一大沟通"利器"。

Tips：这样成为演说家

如何有效地说服他人

1. 有的时候想说服人，和他站在同一立场更容易，如果一开始就以敌对的方式切入，只会激起他的不甘而产生争执，会让对方全心戒备不好攻入。所以首先要尽量获得对方的信任，可以先肯定对方的观点，再肯定自己的看法，然后一点点诱导过来。

2. 善从对方利益出发。两人意见不一致，对方不愿意同意自己的意见，其主要原因就是对方担心自己的意见会伤害到他本身的利益。所以，想要说服他，主要就是从他的利益角度考虑，进行游说。这样他就不会反感你了，反而还会同意你的意见。

3. 不能使用命令的口吻。说服对方，重在说，在说服的过程中，一定要注意语气，要委婉地表达自己的意思。命令的语气对方一听就产生厌恶的感觉，谁都不愿意被颐指气使，你命令他，他当然不乐意，即使以后说再多的好话，也于事无补。

4. 多将心比心。要成功地说服他人，要多换位思考，将心比心，才能把话说到对方的心坎上，真正让对方信服。

"功夫小子"吴京:妙解中国男儿

"功夫小子"吴京凭借自编自导自演的《战狼》系列电影,备受好评。他不仅拍电影认真,敢打敢拼,而且能言善语,话有正义大义。

要时刻问自己准备好了没有

谈到自己的全能身手,吴京说:"带我入行的导演曾经跟我说,要时时刻刻问自己准备好了没有,要掌握很多知识,储备更多技能,你的能力会成为助力而不是阻力。所以,什么事情我都愿意亲自做,亲自试,不忘初心,一直保持小孩子纯粹的心态,去苦学苦练,靠真本事征服观众。为了体验军人,我去特种部队苦练了18个月。有人说我是超全超强的'技能包',不仅是编剧、导演、演员,还会开坦克、潜水、滑雪、跳伞、射击、骑马、赛车等多项技能。所有这些,都不是临时抱佛脚,而是有日积月累的基础打底。人生更多的时间,应该是在积累之中、过程之中、等待之中、创作之中,成功和失败都是很短暂的一瞬间。"

足不强则迹不远,锋不铦则割不深。吴京即事明理,叙议结合,他将自己之所以能打、能演、能编、能导堪称"全能"的动力渊源以及"工欲善其事,必先利其器"的道理和盘托出,深深启示我们:有备无患,想成功就要时刻做好准备。干任何事业都需要凭借一定的条件,不创造必要的条件,不事先做充分的准备,就难以成竹在胸,获得巨大的成功。

以炮灰的姿态杀出一条血路

谈到"战狼精神",吴京说:"战狼精神就是爷们儿精神。我要向所有人证明,别人能做到的我们能做到,别人做不到的我们也能做到。我要通过电影告诉全世界中国的力量,不要动不动就说我们不行。当我坚持不下去,我觉得太没面儿了,坚持一下。如果还坚持不下去,那我会想,如果我不坚持会对我的人生有什么影响,是不是我以后就半途而废了。总得有第一个吃螃蟹的人,才知道好不好吃。我就是要把不可能变成现实,以炮灰的姿态杀出一条血路。"

方今天下,舍我其谁?吴京豪言壮志,情真意切,他的《战狼》系列为国产军事动作电影开辟了一条新路,观众无不啧啧称奇,原来中国电影人也能拍出可以媲美好莱坞的大片。他凭的就是一种爷们儿精神和"舍我其谁"、不惧当炮灰的担当和责任感,这深深启示我们:做任何事情,要善于创新,勇于担当,敢于坚持,咬定青山不放松，就一定能闯出新路，不同凡响。

挑战极限方能更精彩

谈到勇于挑战极限，吴京说："做好一件事，就要勇于挑战极限，敢于向最高的目标发起冲击，才能使自己的潜力都发挥出来，才能够不断地前进，登上最高峰。从《战狼》到《战狼2》就是不断挑战极限的结果。最难忘的瞬间是与死神擦肩而过时。当时，我脚上绑着4千克重的铁块沉在水里，准备拍摄一个水下6分钟的一气呵成的镜头。既要潜水又要完成动作戏，拍到最后我感到体力不支，没劲儿了，只好眼睁睁看着水面离自己越来越远，身体往下沉。最后幸好救援及时，我才重见光明。影片杀青后回到家，我对着家人第一句话就是'我终于活着回来了'。虽然差点儿死了，但挑战极限方能更精彩，这份挑战极限的生死体验，已成为我人生的一笔宝贵财富。"

成功的态度决定一切，没有全力以赴的人，他的人生就好像飞机机长没有把排挡杆推到极限！他的飞机不管飞多久，永远都是在机场！吴京以案说法，事理兼备，他以自己拍潜水戏差点儿沉到水底的历险故事，生动地说明了极限挑战的意义，他的《战狼2》口碑票房大获全胜，观众说仅这6分钟的戏就值票价。它深深启示我们：人的潜力是无限的，要永远自信自强，敢于挑战自我，超越自我，实现人生更大的精彩。

练习：

尝试在与别人交谈或聆听时，将身体略微靠向对方，也就是身体前倾。这是一种微妙的表示，告诉对方你在认真聆听。

Tips：这样成为演说家

怎样说话让你更有力

法则1. 不要说"但是"，而要说"而且"。"但是"是一种转折语气，"而且"的意思是表示递进和强调，显然，多用"而且"，能让你的话一言九鼎、掷地有声。

法则2. 不要说"老实说"。有些人爱说"老实说，我觉得……"在别人看来，你好像在特别强调你的诚意。你当然是非常有诚意的，可是干吗要特别强调一下呢？所以你最好说："我觉得，我们应该……"这样说显得更加自信有力。

法则3. 不要说"首先"，而要说"已经"。有的人经常说"我首先得怎么样"，这样的话，会让人觉得你还有很多事需要做，却绝不会觉得你已经做完了一些事情。这样的讲话态度会给人一种很悲观的感觉，而绝不是乐观。所以建议你最好这样说："我已经怎么样了。"

法则4. 不要说"务必"，而要说"请您"。有的人爱指使别人，说"你务必……"，这样的口气恐怕很难讨人喜，反而会给别人压力，使他们产生逆反心理。但如果反过来，谁会去拒绝一个友好而礼貌的请求呢？所以最好这样说："请您……"

李易峰的"转变语义幽默答问术"

歌手出道的李易峰如今已跨界到影视圈,凭借出演的《古剑奇谭》《栀子花开》《麻雀》《青云志》《动物世界》等影视剧人气登顶。除了帅气的外形和不凡的演技,李易峰还有一项特别的技能,那就是他的"转变语义幽默答问术"。

返璞归真,转化语义

2014年,李易峰用一部《古剑奇谭》完成了一次漂亮的人气逆袭,一夜成了"当红偶像"。记者采访时问他:"大家都说《古剑奇谭》是你的人气'翻身之作',对于一夜爆红,你怎么看?"李易峰回答道:"翻身?那我之前是怎么躺着的?我觉得可能外人看起来有一夜爆红之类的感觉,但对于我自己来说,是一直在坚持、一直在努力,'刷脸'刷了七年,没有间断过。我不是一夜爆红,是两夜爆红,是前面所有的积累吧。"

面对荣耀和赞誉,李易峰的回答尽显返璞归真的心态,将自己恢复到原始的淳朴本真状态。"翻身之作"显然是指他的演艺事业打了个翻身仗,获得了极大成功。而他却将其义理解为"身体翻转",所以才有了"之前是怎么躺着的"的发问,令人忍俊不禁。进而,他把"一夜爆红"戏谑为"两夜爆红",表达了自己是经过7年的努力和积累才有了今天的收获,一番话语,不仅幽默风趣,而且让人信服。

善于联想,转化语义

李易峰在上海大舞台举行演唱会时,主持人问李易峰:"你今后在歌唱事业上有什么新的打算?"李易峰说:"我以后不会让歌迷失望的。"主持人问:"你这是在吊胃口吗?"李易峰说:"我又不是厨师。"逗得全场笑声一片。

记者口中的"吊胃口"是来比喻李易峰的音乐作品让人产生欲望或兴趣,而李易峰则联想到好吃的东西引起人的食欲,所以就以"厨师"作喻,否认自己故意"吊胃口",从而也巧妙闪避了难以具体回答的问题,毕竟在新的作品未创作之前,是没法做出承诺的,但他的幽默却让人赞叹。

转变语义,就是将一个在固定范围内才适用的词语自由地转移到非适用范围中,造成词义的错位以表达一种特殊的情致,从而产生别有风味的幽默感。李易峰可谓深谙此术。

练习：

每天找一条你认为幽默的段子或笑话，把它背下来并讲给身边的人听。长期坚持，一个月后你会发现你的"幽默细胞"增长了不少。

Tips：这样成为演说家

让人舒服的六个说话技巧

1. 让对方觉得他很重要。如果向人请求帮忙，可以说："因为我很信任你，所以想找你商量。"让对方感到备受信任和尊重。

2. 不当八卦传声筒。当一群人聊起某人的八卦或传言时，不要随便应声附和，因为只要说出口的话，必定会传到当事人耳中。最好的方法就是不表明自己的立场，只要说："你说的我不太清楚。"

3. 有欣赏竞争对手的雅量。当你的对手或讨厌的人被称赞时，不要急着说："可是……"。

4. 不责人之过。别人有了过失，不要当场指责和批评，那样会让对方觉得很难堪，同时也显得你很爱表现。正确的做法是记住曾国藩的一句话，"扬善于公堂，归过于私室"，意思是，表扬一个人要当着众人的面表扬，而批评一个人，最好能私下里批评。

5. 不夸己之长。有智慧的人不炫耀，炫耀的人没有智慧。对自己的长处和优势，不要在人前大肆宣扬。

6. 不强人之意。要学会换位思考，理解他人的处境和心境，不说强人所难的话，不让别人有被迫感，不让别人被动接受，不苛求别人做不能做的事，不强求别人接受不喜欢的东西。

语如其名：说话直白动听的韩雪

韩雪是演员、歌手、影视制作人。她不仅多才多艺，而且很有口才，说话直言不讳，有态度，有正气。她自我评价说："我长着一张'正能量'的脸，一直三观挺正的，属于那种在马路上看到别人乱停车就会写个条子贴在车上，电梯里有人抽烟我一定会说的那种人。所以我身边的朋友都特别有正能量。"难怪说起韩雪，很多人都赞誉她是娱乐圈里的"一股清流"。

耍大牌有意义吗

做客某节目时，谈到一些演员的"耍大牌"，韩雪说："我就遇到过这样的女演员，平常倒杯水都得叫人帮忙，甚至叫助理进门前用酒精擦门，水杯拿矿泉水冲完一遍后，再用吹风机吹干，她才肯喝。我真是看不下去，心里不禁想问，你有那么金贵吗？这些毛病都是惯出来的。生活就是自己的，不能因为你在荧幕上是个明星，私底下大家就要拿你当明星一样哄着，不能因为有这样的光环就得回家还找助理去帮着干这个干那个。你在舞台上哪怕穿得再像公主、像仙女，回家一样该干吗就应该干吗，就不要把自己捧得那么高，时刻保持清醒，这样即使不红了也不会有事。很多演员可能就是因为这样，接受不了落差才会抑郁。"

韩雪激浊扬清，话有大义。她以一位女星私下有严重的"公主病"为例，犀利鞭挞了娱乐圈的一大恶习——耍大牌。这样的演员就算演技再好也不会在观众心里有好印象，而且在红的时候这样挑剔，一旦哪天不红了，恐怕就会真的接受不了生活的落差，甚至连生活都不能自理。一番话语，微言大义，意蕴深刻，令人醍醐灌顶，幡然醒悟。

学会保护自己的光芒和光彩

韩雪曾在《娱乐没有圈》中饰演一个娱记，记者采访时问她："现实生活中你也没少被娱记盯梢，你是怎么看待娱记这个工作的？"韩雪说："虽然做艺人很难，但做娱记也是件很辛苦的工作，比如要经常踩点等人、赶时间写稿，说不定还时常引得旁人反感。我觉得明星和娱记就像两个吵架的小夫妻，他们吵得越厉害，观众越喜欢看，但这对小夫妻谁也离不开谁。作为演员，要学会保护自己身上的光芒和光彩，要洁身自好。我不抽烟、不喝酒、没有夜生活，不愿意为娱记们提供'子弹'。我几乎不用微信，不刷朋友圈，不赴无谓的饭局。人多的地方有是非,那你不去人多的地儿不就好了?除了工作我很少出门,挤点儿时间学习,还可以约朋友见面,有意义地交谈。"

韩雪以身说法,话有定力。她机巧地将明星与娱记之间的关系比喻成"吵架的小夫妻",生动形象。演艺圈是名利场和是非地,她以身说法,忠告大家要洁身自好,主动远离是非,注意保护自己的光彩与光芒,不给八卦小报和普通看客可以追逐的"卖点"。一番话语彰显她的定力,人没定力,就经不起诱惑,就不能很好地约束自己。

言为心声,语如其人。听韩雪说话,就能知道她是一个走得正行得端的人。这样有口才、有修养、有正气的人,当然受人欢迎,令人敬重。

练习：

当你休息的时候，不妨训练自己的观察和表达能力。专注观察一件事物或一个人，然后闭上眼，尽可能详细地把它描述出来，这样的训练有助于你在社交时，很快抓住人或事物的特点。

Tips：这样成为演说家

学生如何向老师提意见

1. 注意时机，分清场合。一般来说，老师正在讲课或讲话时不要打断，不是讨论课上的问题最好不要当众提。因为课堂时间是有限的，这样可能干扰老师的教学计划，以致影响其他同学的学习。如果在听讲中发现老师的错误，先记在笔记本上，等下课后单独找老师交换意见。

2. 语气诚恳，表达巧妙。首先，一定要采用商量的语气，当然正常的礼貌用语必不可少，这样既不失对老师的尊重，也给自己留下了回旋的余地。

3. 坦诚述说，言有分寸。坦诚可以让老师了解切实的情况，方便老师针对你的意见提出看法。有时候的"保留意见"可能会造成老师不必要的误解。言有分寸，就是要客观而不过满，不能太过情绪化，既把问题反映清楚，又表达了对老师的尊重。切记不能说"你肯定错了""你怎么能这样"或是"大家都这样认为"云云。只要适当合理地表达自己的个人观点就可以了。

黄轩、返璞归真的话语最动人

黄轩凭借《芳华》《妖猫传》《海上牧云记》爆红,人气大涨。有记者问他为何不去参加热播的《演员的诞生》节目,去跟他们比拼一下演技。黄轩说:"演员就没有什么可比性,有些演员他演这类角色你就是演不过他,有些演员他特质里带这类东西,哪怕他不演,坐那儿都绝对是非常好的状态。所以我觉得没有什么可比拼的,我们又不是打拳的。"斯言诚哉!演技是磨炼出来的,并不是刻意比出来的。黄轩的谈吐,总是透露着一种净心透悟的智慧,让人看到他一尘不染的初心和清新脱俗的少年气质。

独处的充实

谈到喜好独处,黄轩说:"我 12 岁时,父母离异,我度过了一个不快乐的童年,很长时间都很压抑,经常对着门前的三棵大树默默地说话，一棵树我专门跟它说学习中遇到的问题，一棵树我专门跟它说我在情感上遇到的问题，一棵树我专门跟它说我跟朋友之间的事。现在回想起来，就是当时太孤单了。但是，这让我学会了享受孤独，能接受孤独的人才是一个乐观的人。你只有在独处中，才能更好地完成自我的净化。我的独处能力很好，有着独处的充实。我自己会把生活过得很丰富，每天安排好多事情做，我很喜欢一个人发呆，什么事情来了，就想想什么，也会回忆总结一下过往。独处始终是我生活中的必需，缺乏交往的生活当然是一种缺陷，缺乏独处的生活简直是一种灾难。"

黄轩忆往惜今，言近旨远。他善待苦涩，珍惜孤独，享受着独处的充实和快乐，造就与众不同的气质。因为有最美好的体验，所以他能不吝赞美独处的好处。独处，不是孤独，更不是孤僻。独处，是一种能力、一种修养、一种积淀、一种情调。每个人都要善于淡出热闹、喧嚣、浮躁，学会享受独处的时空，让自己变得宁静，变得更加丰盈，充满魅力。

失望后的希望

谈到入行当演员，黄轩说："我上中学时学习特差，永远是倒数第二。家里很失望，但当时我特别喜欢迈克尔·杰克逊，就去考舞蹈学校，结果考上了。真正接触舞蹈，我才发现与想象的根本不是一回事，老师评价我有条件但是没天赋。有一次，我练功太狠受了伤，功亏一篑，休养了半年。躺在床上我一直想将来做什么，那时我每天看影碟消磨时间,我就想演员真好,就决定放弃舞蹈做演员。后来经历两年艺考,北电、上戏都没考上。绝望中机缘巧合,有人告诉我北京舞蹈学院有音乐剧系,唱歌、跳舞、表演什么都学,我就去试试,结果系主任点名要了我,我终于看到了人生的希望。有些人老是失望地说不知道自己的未来会是什么样子,其实,只要你一直在努力地做自己,就会有希望的诞生。"

黄轩娓娓道来,自励励人。他在成绩差、跳舞受伤、艺考失利、前途渺茫的失望面前,从没自暴自弃,而是尽量找出自己喜欢的东西,追随内心不断萌生的念头,勇敢地摸索着前行,终于化失望为希望,走上了一条光明大道。他的现身说法,给人启示和激励:永远不要说自己不行,人生有着无穷的可能性,只要你不抛弃,不放弃,总会"柳暗花明又一村"。

喧嚣后的寂静

谈到低调,黄轩说:"几部作品获得不错的收视成绩,已经是极大的幸运。我还是想在喧嚣之后找回寂静的力量,停留在安静的状态,想一些话、走一段路、看一本书、选择下一个项目。我喜欢的演员叫丹尼尔·戴-路易斯,他不拍戏,你就找不着他了。他有一句名言说:'不能让观众知道你袜子穿的是什么颜色。'他的意思是说,除了演戏,不要接触媒体,不要接触观众,他们看到你只是在舞台上的角色就好了。其实我最希望是这样。我很不认同走红后一定要不停地忙碌,因为那个时候其实是最容易被消费的时候,节制永远要比释放难得多。在没有特别有兴趣和有动力的情况下，还不如休息，为了更多的可能性，也为了不磨灭热情。"

黄轩返璞归真，援镜自诫。他没有因为爆红，名声与人气节节攀升，而被浮云遮望眼，被喧嚣的娱乐圈同化，而是以人为镜，援引路易斯的话来醒诫自己，保持一颗平常心，回归安静的生活，不随波逐流，不靠曝光率去炫耀自己，不被人过度消费。在当今浮躁的娱乐圈，他能节制自重，低调处世，在繁华的生活里守住自己的安静一隅，实在难得。

练习：

与人交流时，练习互动性的目光接触，并且避免从对方肩膀之上去看别人，社交的时间往往有限，要让对方感觉到，你的注意力在他身上。

Tips：这样成为演说家

怎样说话才更有文采

文采，意思是华丽的色彩，但是"有文采"又不能简单地等同于华丽，它需要思想做支撑。说话有文采，主要是指内容富含哲理，耐人寻味；句式富于变化，错落有致；表达节奏感强，朗朗上口。

为了增加谈话的文采，一要善用修辞，充分运用比喻、拟人、排比、对偶（对仗）等手法，会使你的语言文采斐然；二要运用联想和想象，开拓思路，巧妙构思，说出与众不同、意趣横生的话语，以增加文采；三要综合运用多种句式，比如肯定句、否定句、长句、短句、倒装句、反问句等，将之有机结合，可以增强表达效果，显示一定的文采；四要善于旁征博引，引用名人名言、诗词曲赋、成语典故、经典故事，来丰富语言的内涵和文采；五要注重节奏，表达时抑扬顿挫，起伏跌宕，连贯畅通。如果有了动听的节奏感，文采也就氤氲其中了。

感恩之心
塑造出的朴实张译

"生活需要一颗感恩的心来创造,一颗感恩的心需要生活来滋养。我曾当了10年兵也跑了10年龙套,我很幸运有很多贵人相助,我才有机会站到观众面前,也让我对如今充满感恩,常感恩才能不忘初心。"凭借《红海行动》再度人气爆棚的张译,总是心怀感恩之心,善于把感恩的话大声说出来。

感恩他人激励

张译凭借《士兵突击》中"班长史今"一角成名后,他感恩康洪雷导演说:"当时我一直在战友文工团跑龙套,有一天,康导对我说:'你们这群人里,我最喜欢的就是你。你一定要多读书。'我感动得想哭。不料,康导最后说:'你不能再演戏,如果你演戏,就是自寻死路!'听完这话,我真哭了。难道自己真的不适合演戏?

如果不去坚持努力，我还能做什么？我决定选择转业，到外面去跑剧组。后来，康导向我抛来橄榄枝，我不解地问：'你不是说我演戏就是自寻死路吗？'康导说：'斗志是激发出来的，以前无情地打击你，目的在于要你奋进！'原来是这样！我会永远感激康导，是他的良苦用心，是他的真切激励，让我的演绎之路实现了'突击'！"

张译少不得志，学艺不精，但并没有影响康洪雷真诚地欣赏他，并用"激将法"激励他，而知耻后勇的张译在一举成名后并没有羞于启齿，而是对康导的良苦用心由衷感激。学会怀抱感恩，才会有人生的信念、生命的动力。张译之所以能迎来属于自己的一片艳阳天，与他心存感恩、砥砺前行是分不开的。

感恩他人善待

电影《搜索》公映发布会上，张译感恩陈凯歌导演说："作为电影演员，我还是个新人。当时去剧组试戏，我内心充满忐忑。一见面我发现陈导乐呵呵的，特别和蔼，我一瞬间就放松了。陈导让我试演一段没有台词的戏，我就加入了很多剧本之外的细节，陈导很欣赏，当即称赞我'戏比天大'。他还对执行导演说，这个演员要善待。后来导演不断地给我加戏。杀青的时候，剧组还为我特地举行了仪式感很强的欢送会，有鲜花，还有香槟酒、蛋糕，全剧组一起为一位演员鼓掌，这些都让我特别感动。就我目前的阅历、技能，陈导如此善待我，我非常感谢感恩陈导，我在剧组最大的收获就是自信，陈导是对我帮助非常大的恩师。"

感恩是别人的给予，更是给予别人的馈赠。张译作为一个电影"新"人能够受到导演陈凯歌的肯定，给他加戏，给他开欢送会，给他莫大的赞誉和鼓励，不免让他感到受宠若惊，也收获极大的自信。知遇之恩当永生不忘，他人友善，我当感恩相待。张译懂得珍惜，没有忘记陈导恩待他的点滴瞬间，所以能娓娓道来，感恩之情溢于言表，让人深受感染。

感恩他人提携

第23届电视"白玉兰奖"颁奖礼上，《鸡毛飞上天》的男女主角张译和殷桃，同时获得"视帝""视后"。张译感恩殷桃说："感谢殷桃那天在地库拦下我，没有她就没有我今天得奖的机会。我们当时一起出席活动。活动结束，我在地下车库取车准备离开，碰见了殷桃。她拦住我问《鸡毛飞上天》的剧本有没有看过，我如实回答，我推掉了，我最不能接受这个剧名。她十分关心地劝我：'你呀，回去好好看看，看完我们再交流。'看完之后，我说还是不太喜欢。她发现剧组误将剧本初稿给了我。看完新改的剧本后，我说'哎呀，不应该错过！'随后，殷桃推荐我进了剧组，她是我难得遇到的默契的合作伙伴，所以这事儿我要特别感恩殷桃。"

感恩不仅是一种美德，更是进步的最大动力。张译缘何能从《士兵突击》到《鸡毛飞上天》，从配角成功逆袭"视帝"，是与他知恩感恩分不开的。感恩的话最动人，也最能成就人。我们何乐而不为呢？

练习：

我们在社交时，友善的回应能为我们的社交起到很大的帮助，可以尝试向对方报之以微笑，与陌生人交流时多用"您好""很高兴认识您"等语句。

 Tips：这样成为演说家

如何把感恩的话说得更感人

感恩是一个永恒的话题，每个人都应该心怀感恩，学会感恩。那么，如何把感恩的话说得更动人呢？

1. 善于体悟，升华情感。感恩是一种最美好、最珍贵的感情，一个懂得感恩的人，一定要善于体悟和感受别人的恩情，并从内心升华迸发出强烈的感恩之情，表达出动人的感恩之语，这样才能让施恩者听了感到温暖，而且彰显自己知恩图报不忘本的良好品德。

2. 铺陈渲染，豪情动人。对于别人的恩情，要善于利用铺陈渲染的方法，充分表露出来，这样的感恩之词，才更丰富具体，更显豪情，也更让人感动。

3. 小中见大，情深意浓。有些事情看起来虽小，却对自己影响至深，那么就要善于以小见大，见微知著，彰显别人的恩情大、情义重，这样的感恩之语更加情深意浓，让人感动。

每个人的成长过程，都离不开他人的指导、帮助与引领，对这些人，我们应该心存感恩。感恩，就应该大声说出来。

平易近人接地气,刘昊然的青春睿语

刘昊然高三时成为一名演员,现在是中央戏剧学院的学生。一次,记者问他:"网上有传言说你是'富二代',你的父亲是某上市公司的董事长,身家超过100亿,母亲是著名京剧演员。这都是真的吗?"刘昊然说:"如果我是'富二代',我家那么有钱,我早就出去环游世界了!干吗还辛辛苦苦地拍戏啊?我甚至幻想过有一天醒来,我爸告诉我他是个大富豪,为了培养我成为合格接班人才故意隐瞒多年。我也拿这事和妈妈打趣:'这么多年了怎么没听说你会唱京剧?'我家是很普通的工薪阶层,我想靠自己的努力拼搏来赚钱,然后把钱交给家里,让自己成为这样的'富二代'。"有着不错口才的刘昊然,就是这样率真机智、风趣幽默、意蕴深厚。

磨砺好青春才能远征

刘昊然18岁参加国防教育节目《真正男子汉》,记者问他:"有好多人怕吃苦不愿参加,你一个高中生却主动参加,初衷是什么?"刘昊然说:"我爸爸曾是一名军人,因为这个情结,我就想通过节目接受军队淬炼,把这种磨炼当作献给自己的'18岁成人礼'。磨砺好青春,才能远征。我是队伍内年龄最小的兵,面对再严苛的训练,我都不会抱怨和流泪,都会用自己的坚持和毅力咬牙挺过去。不抛弃不放弃,是爸爸一直传递给我的理念。有人说'伤疤是男人的勋章',我身上的伤痕就如同印记,见证着我在军营中的每一次努力的练习和付出,记载着我成为一个真正男子汉的足迹。可能也是有了这趟军旅体验,让我有机会在《建军大业》中出演青年粟裕将军。"

自古雄才多磨难,从来纨绔少伟男。刘昊然参加军事真人秀,绝不是盲目的,而是真心想要磨炼自己,所以能说出一番如此情理兼备、砥砺人心的话。不仅让人感受到他咬牙体会成长滋味、不惧伤痕累累的坚韧精神,而且令人感悟到一个不经磨炼的青春是无法远征的深刻道理。青春是一把刀,常磨砺,才能闪光,才会锐利无比,所向披靡。

靠脸是行不通的

刘昊然2015年参加高考,是中戏文化课和专业课双料第一名。记者问他:"你这样一个'学霸'明星是怎样炼成的?"刘昊然说:"靠脸是行不通的,我要是有一副贝克汉姆的面孔就啥也不说了。学习还得靠勤奋努力,当时在泰国拍戏,我读高三面临高考,我一直在拍戏和复习两者之间切换,大家拍完戏都在一边休息闲聊,只有我躲在一旁看复习资料,做模拟试卷。高考前的模拟考我都超过了中戏录取分数线,中戏是我的理想高校,为了能让高考成绩再高一点儿,我特意向剧组请了一周的假,回家备考。毕竟高考的成绩会伴随我一生,还是要漂亮一些。18岁是个非常重要的人生节点,我真心希望每一个少年都能珍惜18岁的青春,刻苦努力,考进理想的大学。"

颜值终究靠不住,刘昊然"插科打诨",亦庄亦谐,既幽默表达了他不靠颜值靠努力的"正三观",也娓娓道出他是如何兼顾学业和演戏、见缝插针刻苦学习取得优异成绩的,更由衷阐发了18岁的重要意义,令人只争朝夕,不负青春年华,让18岁成为自己最好的人生转折和完美人生的起点。

青春向上不设限

刘昊然2016年作为大一学生到北大、浙大等四所大学演讲,还跨界担当电影导演协会表彰大会和某国民盛典活动主持人。记者问他:"如此走心地跨界,为的是什么?"刘昊然说:"只想突破我自己天秤座内向的缺陷,练就脱口秀。第一站北大,虽然演讲稿准备了两周以上,依旧上台后紧张和忘词,瞬间蒙圈,讲完也是大汗淋漓。但我并没有放弃,而是坚定不移地走下去,在每一站同学们鼓励的喝彩声中,我终于在最后一站——浙大做到了无底稿从容演讲。到主持盛典时,我能即兴发挥,用极快的速度一口气说完所有明星的名字，无一错误。我想通过自己的实际行动告诉大家，要勇于挑战自己的弱点，青春向上不设限，不放过任何一个突破自我的机会，就会有收获。"

不设限的人生无极限。刘昊然感悟说理，言由心生，他真诚分享自己熟能生巧的演讲技巧和主持的心路历程，尽显一个优秀大学生敢于突破自我，全方位发展潜力的自我修养。每个人都有弱点和不足，就怕自我设限，扼杀潜能，阻碍进步。他的多番突破进步不设限，练就"脱口秀"新特长的行动，对每个人的青春成长都具有重要的范本意义。

这就是口才倍儿棒、人见人爱的刘昊然，难怪他被誉为"国民优质少年"。少年强则国强，少年进步则国进步。时代需要更多这样的好少年！

练习:

练习用提问的方式代替平铺直叙,这样可以在短时间内抓住听者的注意力和好奇心,使语言变得更有"弹性"。

 Tips:这样成为演说家

如何让语言优美

卡耐基说:"美的文辞就是思想的光辉。"优美的语言总是让人百听不厌、心旷神怡。让你的语言优美起来,就要坚持锤炼和做到以下几点:

1. 凝练的美。用语集中而丰满、简洁而味长,不拖沓冗长。

2. 朴实的美。质朴无华,语义纯净,清新自然,不加雕饰,不矫揉造作。越是朴实真诚的话语,越让人感到亲切,越是感人至深。

3. 意境的美。王昌龄在《诗格》中说:"意境有三境:一曰物境,二曰情景,三曰意境。"著名美学家朱光潜说:"意境,就是谈话者的主观情感与客观物象相互交融而形成的足以使人沉浸其中的艺术的想象世界。"所以,要善于在谈话中拟物想象,物以化境,情境交融,意融境中,或卒章显志,或寄托情思,或引人深思,达到意象丰富、意境深远的效果。

善于举例，娓娓道来的周一围

"他们说我做事情百分之百投入，就像是看见骨头的狗，虽然我不喜欢这个比喻，但是有一点说得对，狗叼着骨头的时候，别和它抢。人一生一定要想明白自己要什么，只有明白自己要什么，才会得到什么，才能走出不一样的人生。"《演员的诞生》第一季总冠军周一围妙语趣说，道破了他成功的真谛。周一围演技炸裂，网友大赞他为"教科书级的演员"，其实，他的口才也很棒，微言大义，言近旨远，令人深深折服。

"我不适合娱乐作秀，只能做一名演员"

谈到耐得住寂寞，周一围说："北电毕业后，我就漂在北京，刚开始一天见一个剧组，后来一天见8个，被拒绝8次。理由让我灰心丧气：'你长得不够帅，怎么能当男一号''太文弱不适合''你要是再白点儿就好了'。最后人家都是客客气气,给我三个字:再联系。漂泊和煎熬当中,并不是没有过机会。有一次我抱着好玩的态度参加金鹰新秀选拔,顺利进入总决赛。本来可以沿着这条路走远一些,可我觉得不对劲儿,收住了脚步,我不适合娱乐作秀,只想做一名演员。于是,我回到北电当助教,继续蓄积能量,以待厚积薄发。没想到机会很快就来了。海岩的新剧《深牢大狱》到北电找人,选中了我。这段经历让我明白了坚持的意义,要耐得住寂寞,经得起等待,承受得住打击。任何事情都会有转机,相信命运可以宽厚而美好。"

周一围言辞恳切,启人学会取舍的智慧。他娓娓而谈出道时的坎坷经历,面对一扇又一扇门被关上,也不随波逐流,跟风作秀,毅然退居其次,蓄势待发。一番话语,启迪人们要学会取舍,懂得舍弃。这不仅是一种心态、一种修养,更是一种智慧、一种境界。取舍之间注定让人纠结,但懂得经营自己的人,必定善于取舍。

"走红的途径我也懂,但演员需要神秘感"

谈到之前为什么不红,周一围说:"走红的途径我也懂,但我觉得演员需要保持一种神秘感,应该离大众远一些。就像三次问鼎奥斯卡影帝的英国演员丹尼尔·刘易斯,除了接拍的作品以外,外界对于他的个人生活所知寥寥。我是一个演员,让观众记住我演的每一个角色而不是我周一围本人,这是我最在乎的。追求红,追求流量,现在这种成功的方式方法不是我想要的,我更享受当下做演员的状态,不贪心,不着急,不与流量很高的演员做对比,演员是一类工种,所谓的流量高不见得能扛得起票房。不红可能会让我有更自由的表达,更能让我潜下心来表演,以期在演技上有一定的建树。"

周一围言之谆谆,给人看淡名利的通透智慧。他对于"红"的认知有种与众不同的清醒,对于爆红名利双收没有野心,所以他刻意规避很多艺人成名的途径,不制造话题,不想办法上热搜,不去增加曝光率,并且能以人为镜,以奥斯卡影帝为榜样,约束自己,避免陷于浮躁浮华。一番话语,尽显豁达通透的智慧,给人以积极向上的力量。

"我要的是饰演硕风和叶的机会"

谈到零片酬出演《海上牧云记》时,周一围说:"有人说我是'戏疯子',我最大的爱好就是看戏、演戏、琢磨戏、跟人聊戏。我心里有底线,俗套感情戏不接,挣钱多但周期短不考虑,只看剧本是不是吸引人。看完《海上牧云记》的剧本,我和导演曹盾聊了两次,双方都特别兴奋。我很喜欢硕风和叶这一角色,这个角色能替我说出内心深处的一些东西,这就是演员这个职业的魅力。当导演说经费不足的时候,我毫不犹豫地说不用给我钱,钱对我来说不重要,我要的是饰演硕风和叶的机会。为了最好地诠释角色,我甘愿自毁形象,抛下颜值,变成了一个'糙汉子',我觉得作品才是演员的颜值。"

周一围言之切切,教人追求至臻的精神境界与智慧。他有自己的底线和原则,更有着追求的至高境界,所以他能零片酬出演,只追求有多一次的机会,去演绎这个职业更多的魅力。正是这样的追求,让他磨炼了精湛的演技,留下了一个个经典的角色,收获了超高的人气。一个人若只以金钱为衡量成功的标准,而无高洁的情操,注定是走不远的。

周一围就是这样,非常明白自己要什么,一直在追寻他自己认为对的道路。陆川导演称他为"大演员",章子怡更是不吝欣赏和夸赞:"我非常非常喜欢你,你是我最想合作的演员!"

练习：

在表达中尝试加入数据以增加可信度和说服力，同时加入名人或重要人物的话更能增加权威感，在表达时容易引起共鸣，试着写一段这样的话吧。

Tips：这样成为演说家

如何让我们的讲话"言之有物"

有的人谈话之所以索然无味，是因为"言之无物"，"无物"则"无言"，"理屈"则"词穷"。要做到"言之有物"，让自己的话语内容充实，我们必须记住下面的"5W"公式：

1.When 什么时间；2.Where 什么地点；3.Who 什么人；4.What 什么事；5.Why 为什么。

言语交际中，5W 技巧非常重要，它有利于我们整理思绪，边说边想 5W 公式，讲话就会有条理，不零乱，不颠三倒四，内容会完整，也不会丢三落四，更重要的是，它能帮助我们将事情的来龙去脉讲清楚，使故事本身更显得真实，事例更显得具有说服力；更富有情节，生动形象，更能吸引人，让人回味无穷。

说话周到比雄辩好,措施适当比恭维好。

——培根

第三章 技巧篇：跟名人学话术

跟名人学
自我解嘲术

自我解嘲术，就是用嘲弄的言语自贬自抑，不失幽默地为自己掩盖或辩解被人嘲笑的事，从而达到摆脱窘境、化解尴尬的目的。

李咏：除脸长其他皆短板

山东卫视《我是先生》节目秉承"有先生，中国强"的理念，邀请全国最优秀的先生开坛论道，而名嘴李咏则和学霸女神寇乃馨、文化大家马未都共同组成"好学团"与各路"大神级"名师切磋论道。节目现场，从名嘴转型为中国传媒大学教师的李咏，很多方面不敌对手，不免尴尬，不过，他不改幽默本色，自我解嘲道："虽然我今天是老师，但是我发现自己比他们差很多，对于我是个激励。我短板一块一块的，基本上除了脸长，没有其他长的，我真心向各位先生学习。"令人捧腹大笑。

面对诸多名师前来论道，李咏丝毫不避讳自己的学识有"短板"，他拿自己"脸长"的梗自我解嘲，不仅让人觉得幽默，愉悦了大家，也彰显了自己"取人之长，补己之短"的谦逊学习态度，让人不禁大赞其具有名嘴风范。

鲁豫：不是"棒棒糖"，我是向日葵

在一期《超级演说家》节目中，一位选手在临别赛场前，突然拿出棒棒糖，要赠予鲁豫。对于这一突发状况，鲁豫显然没有预料到，接过后愣了几秒，现场气氛颇为尴尬，不过鲁豫似乎一点儿也不介意，始终面带微笑，随即自我解嘲说："我以前确实有'棒棒糖'的外号。虽然我不怎么喜欢被这样称呼，不过'棒棒糖'这个象征着大头娃娃的外号也有其可爱之处。还好你给其余三位导师也都送了，不然人家以为我真是棒棒糖了。其实，我不是棒棒糖，我是向日葵，象征着希望和阳光！"此话一出，引来笑声和掌声一片。

选手出其不意地送鲁豫"棒棒糖"，隐喻其身材。对于这种当面公开的戏谑，一般人恐怕早已生气，甚至当场怒撕，而鲁豫采取自我解嘲的方式，不仅敢于承认自己曾被取"棒棒糖"外号，而且巧妙变换为有异曲同工之妙的"向日葵"自喻解嘲，传达出自己的正能量，从而很好地化解了尴尬，从失衡中找回自信，令人无不佩服她的从容优雅。

倪萍：没有倪会计这么算账的

倪萍在主持央视公益节目《等着我》时，说到节目的影响力，

她慷慨激昂地说:"我们微博的阅读量是5500万,同志们,这是什么?将近1个亿呀!"如此"四舍五入"的计算方式,惊得观众瞠目结舌。随即,意识到错误的倪萍连忙自我解嘲,化解尴尬道:"我把5500万说成了将近1个亿,这是典型的数学不好啊!对不起,同志们,原谅我这般岁数的老太太吧!可不敢工资5500,管人家老板要1万块啊,没有倪会计这么算账的!"让人忍俊不禁。

倪萍心直口快,发生严重口误,"5500万四舍五入就是1个亿",这真是糗大了。如果她只是承认算错,向大家道歉,恐怕只会欲盖弥彰,而她巧妙地通过"这般岁数的老太太""典型的数学不好""工资5500,可不敢向老板要1万块""没有倪会计这么算账的"等连番插科打诨、自我解嘲的话语,顿时让人感到妙趣横生,不得不佩服她妙语解颐的口才。

言语交际中,难免会有失误,难免会遇到窘境。与其掩藏、辩解,不如多一些风趣幽默的自我解嘲。就像以上几位一样,不以物喜,不以己悲,提得起,放得下,想得开,娱己悦人,何不乐哉!

练习:

你在上学的时候有外号吗?想一想如何用幽默有趣的语言把你的外号介绍给大家。

Tips: 这样成为演说家

学会自嘲的4个诀窍

自嘲是一种最有智慧的幽默,它是一种对自我不足的批判行为,但这并不等同于"自轻自贱",而是化被动为主动,把自己的缺点和不足暴露出来。如何学会自嘲?

1. 要有自娱精神。要想学会自嘲,首先要有自娱精神,才能不顾他人的眼光,用幽默的方式把自己的缺点说出来娱乐大家。

2. 会分场合。面对不同的场合和人,我们说的话也应该有所不同。自嘲也是一样,面对同学和朋友时,我们可以尽情自嘲,但如果面对长辈,就要严肃一点儿。

3. 要注意尺度。自嘲一般是把生活中发生的真事讲出来,使人发笑。但要注意一定不能太假,过于花哨的描述,就会让原意失去该有的趣味,变得虚假而毫无意义。

4. 不可重复讲。自嘲是用半开玩笑的状态把事情用言语描绘出来,如果经常重复同一句话,就会让自嘲失去该有的惊喜。

跟名人学顺推成趣术

顺推成趣术,就是在言语交际中,根据特定的语境,顺着他人的话头往前走,乘势而上,顺势发挥,使意思推进一层,达到出其不意、风趣幽默的效果。

巧于勾连

"功夫小子"吴京做客《大牌驾到》节目,主持人华少犀利地问道:"如果让你与成龙、李连杰、甄子丹对打,你未必能占上风,因为姜可能还是老的辣,你觉得呢?"吴京顺势幽默道:"我要跟他们对打,那我得打120。"惹得全场爆笑。

当主持人提出犀利的问题时,如果作答不好不仅会有损形象,还会遭人诟病。但是吴京的回答非常巧妙,当被问及与几位巨星前辈对打,他顺着提问的"打"字,直接用"打120"承接,既道出了前辈们的功夫在自己之上，又顺水推舟回答了提问，幽默巧妙。

善于延伸

《让子弹飞》由姜文、周润发、葛优三大实力派演员联袂主演，谈及"三巨头"的合作，记者问姜文："你和周润发、葛优在一起是否有'一山难容二虎'的情形？周润发与葛优两位大咖是否难伺候？"姜文说："一山的确难容二虎，但三虎就没有问题。葛优和周润发都是我的大哥，他们都对我很照顾、很支持，我非常尊敬他们。剧组人才济济，除了三只老虎，还有很多小老虎，整个剧组就是一个和谐的狮虎山。"

姜文顺着记者的话，出其不意地从"一山难容二虎"延伸出"三虎就没有问题"，既风趣幽默，又巧妙否认了"互不服气和有矛盾"的传言。他更是以"和谐的狮虎山"作喻，说明了剧组上下相处融洽、通力合作。

这样的实例还有：在歌手满江的新专辑发布会上，好友兼主持人汪涵为表祝贺送上一束大麦说："祝你专辑能够大麦（卖）。"不料，满江不解风情地说了一句："你这束好像是水稻啊！"汪涵顺势解颐道："那不更好？水稻（到）渠成嘛！"令全场叹服。

妙于仿照

有一次，周杰伦与宋祖英同台演出，周杰伦一上场就谦虚地说："有祖英姐在，我唱歌会紧张，所以我就不唱了。我来弹一段特地为祖英姐写的钢琴曲吧，曲子的名字叫《河》。在我心中，祖英姐就像一条大河，永无止境地将美与歌声传送到世界各地。"主持人杨澜赶忙问："那她是大河，你觉得自己是什么？"周杰伦说："我是溪流。"一旁的宋祖英顺势说道："我们都是河里的一朵浪花，有目标、有追求，共同汇聚成小溪，然后共同涌向大海。"

周杰伦自比"小溪"，称赞宋祖英为"大河"，宋祖英顺势发挥，仿照作喻，形容自己为"河中的浪花"，不仅尽显谦虚，而且让现场气氛活跃，令人愉悦和回味。

这样的实例还有：一次大学生电影节上，王志文与范伟同时登台，一身笔挺西装的王志文首先说："我本人很少穿西服，为了表示对大学生们的尊重，今天我穿着西服来了。"当天戴着眼镜的范伟在一边立即接住话茬儿，顺势对答道："其实我平时也很少戴眼镜，今天为了参加大学生电影节，我也把眼镜戴上了。"让人捧腹不已。

顺推成趣术，不仅可以引发笑料，彰显幽默口才，而且能够顺理成章地从一个方向延伸出更有利于自己的另一个方向。如此好方法，我们在日常交流中，应该经常运用。

练习：

对于同一个主题，建议你站在不同的角度，发散思维并分别用幽默的语言演讲，这样可以培养幽默思维，还能提高表达能力。

Tips：这样成为演说家

怎样排除语言误解

在言语交际中，经常有被别人误解的时候。那么，怎样才能使自己的话不被别人误解呢？

第一，尽量少用话中有话的句子，避免歧义，以免引起误解。像在宴会中说"该来的不来""不该走的又走了"之类模棱两可的话都是不妥的。

第二，由于口语表达中脱离了字形，所以应注意同音词的使用，否则容易产生误解。如"期终"与"期中"。

第三，在口语表达中尽量少用或不用文言词和方言词，否则不利于感情的交流和思想的表达。

第四，说话要注意严谨性，说得尽可能辩证一些，不要绝对化，要留有一定的余地，以免让人误会。

总之，生活中，为了避免伤害他人，减少自己的麻烦，说话一定要表意准确、完整、严谨。

跟名人学"两不得罪答话术"

言语交际中,往往会有很多"比较性""判断性"的话题,特别是当你处于第三方的位置时,需要你说话。这时,如果你直抒己见,明确表示支持或赞赏某一方,那无异于得罪另一方;而如果你缄口不言,不但会显得木讷、迟钝,而且可能同时惹恼大家。那么,在两难选择的情况下,你该怎样答话才能两边都不得罪呢?

刘嘉玲:两相肯定法

有一次,香港电影大亨向华强的太太陈岚因恩怨与周星驰斗气,随即娱乐圈出现挺星爷和挺向太两派。这时,有记者用刁钻问题问刘嘉玲:"向太和星爷闹得很厉害,你会挺谁?"刘嘉玲回答说:"和为贵。我和周星驰拍过《鹿鼎大帝》,合作过程很开心,他很尊重我,每天90度鞠躬,还叫我嘉玲姐,很有礼貌。星仔可能是很怪的人,不过有才华的人都怪！向太也是我的好友，她勇于出声，真性情又敢言，社会上每个人都有权表达自己，我很能理解。"

刘嘉玲没有随意评论谁是谁非，而是采取两相肯定法，两个都不偏不向，都拿出尊敬的态度，左赞星爷"怪才"，右夸向太"勇于出声"，话语真挚，理牵情随，不仅谁也不得罪，让谁听了都舒服，而且尽力劝和，由衷表达了自己"以和为贵"的强烈意愿，彰显自己的原则和底线。

这样的实例还有：深圳卫视《大牌生日会》节目现场，吴辰君和景甜两位女演员展开厨艺大PK（比拼）。吴辰君切菜相当熟练，每个黄瓜片切出来都薄厚均等，相比之下景甜稍显笨拙，切出来的黄瓜片薄厚不一。主持人请何润东来对两位的刀工进行评价，何润东机智地说："吴辰君是技巧派，切得特别好看；景甜是厚道派，切得比较饱满，让人很容易吃饱啊！"

陈晓：褒人贬己法

由陈晓、杨颖和倪妮主演的都市喜剧电影《新娘大作战》新闻发布会上，主持人向陈晓抛出了一个难题："两位女演员杨颖和倪妮，你更喜欢哪一个，谁更符合你心中女神的标准？"陈晓睿智而又幽默地说："杨颖是彩虹女神，倪妮是月亮女神，我是普通人，彩虹和月亮都高高在上，我就在下面仰望她们。"引得台下笑声一片，两位女神更是抿嘴直乐。

陈晓无论回答喜欢谁，都会让场面显得尴尬。而他一方面采取褒赞的方法，将两位女演员比喻为高高在上、都很美丽的"彩虹"和"月亮"，不分伯仲；另一方面采取自贬自黑的办法，将自己形容为在人间抬头仰望她们的普通人。一番褒人贬己的话语，不仅幽默风趣，彰显男性风度，尽显谦卑，而且巧妙避免了厚此薄彼的尴尬，令人愉悦，也让自己愉悦。

这样的实例还有：由李易峰和唐嫣主演的电视剧《活色生香》开播发布会上，因李易峰之前在《古剑奇谭》中与杨幂合作，而唐嫣与杨幂私下里又是闺蜜，于是，主持人向李易峰发难："你觉得唐嫣和杨幂谁漂亮？谁对你更重要？"李易峰说："我是谁并不重要，重要的是她俩都很重要，她俩就像是我的左右手，拉着我看遍世间美丽的风景。"

蔡依林：转义升华法

一次，华语音乐榜中榜颁奖盛典上，现场主持人问获得"港台地区最受欢迎歌手奖"的蔡依林："周杰伦和王力宏都为你编过曲，两个人你更欣赏谁？"蔡依林回答说："他们两个都相当有才气，都是全方位的艺人。音乐是万德胚胎的源泉。没有音乐，生命是没有价值的。只有对音乐倾倒的人，才可称作完人。"一番话博得了满堂彩。

蔡依林从同为音乐人的角度、视角出发，引申转义，升华出了音乐的价值、作用和意义，不仅巧妙避开了个人感情因素，以免给人留下话柄，而且话语颇含哲理，意蕴深刻。

这样的实例还有：黄渤在新电影《记忆大师》中，搭档徐静蕾、杨子姗、许玮宁三位不同类型、不同风格的女演员，电影发布会上，记者问黄渤："三位女神你觉得谁最美、谁最有气质？"黄渤说："自信的女人不需要夸奖！自信的女人最美丽，她们都是最美的女人，都是一道风景。"

生活中，有很多人遇到问题好逞一时之快，不是得罪这个就是得罪那个，弄得好不尴尬，若能像这些明星一样，讲究一些言语方式和技巧，就一定能回答得有分寸、更得体，让言语交际更顺畅和谐。

练习：

找同学和你一起练习，互相提问一些比较刁钻的问题，尝试礼貌地转移话题。

 Tips：这样成为演说家

如何避免自己说话伤人

如何避免自己说话伤人？记住，有三种话不能说：

一是揭短的话。人人都有自尊，如果不顾他人的尊严与感受，揭人短处，必定会让人生气，破坏人际关系。所以，我们在说话的时候，切忌抖搂别人的隐私和"丑事"，否则就会伤"敌"一千，自损八百。

二是露骨的话。说话时如果不注意语言的分寸感和谈话氛围，挖人难以启齿的内容，就会让人十分难堪，自己的形象也会受到影响。因此，我们要特别注意：在特定的场合，针对特定的对象，说话要委婉，不能太露骨，有些敏感话题要尽量避开。

三是刻薄的话。我们要有一颗包容之心，理解别人，爱护别人，宽容别人，才能赢得别人的尊重。一味地用刻薄的语言，对人进行嘲笑与打击，只能换来同样严酷的对待。

跟名人学 无中生有说话术

一次，明成祖有个贵妃去世了，祭祀时把大学士解缙请了来，让他朗读祭文——而那所谓的"祭文"不过是一张白纸，上面除了四个"一"字并没有内容，实乃典型的"无米之炊"。但解缙不慌不忙，稍加思索，立即变"无"为"有"并朗声读道："巫山一片云，峨岭一堆雪，上苑一枝花，长安一轮月。云散，雪消，花残，月缺。呜呼哀哉！尚飨！"明成祖听了不禁拍手叫绝。

"无中生有"是一种高超的表达技巧，它需要通过丰富的想象和联想、合理的构思，将别人想不到或看不到的东西充分表达出来，从而达到良好的口语交际的目的和效果。

巧编故事，创设意境

"童话大王"郑渊洁有一次在"皮皮鲁讲堂"上课的时候，有个硬币从一个孩子的兜里滚出来,从教室后面直滚到他脚前。那个孩子一时感到非常紧张,见此情景,郑渊洁很快为孩子"解围"道:"这个硬币两年前我用过,它一直舍不得离开我。今天它终于又听到我的声音了,所以非常激动地要来找我,想要告诉我这两年里它的经历!"同学们一下子都乐了,那孩子也没有了刚才的紧张情绪。

无中生有,离不开大胆创意,善于编织美妙的故事。郑渊洁"无中生有"的故事非常具有童话性,他将滚落至脚前的硬币认定与自己"有关系",把它想象成自己曾经用过的硬币,一下子使这个硬币变得与众不同,更吊足了人们的胃口,令人期待求解。同时运用拟人手法,给硬币以"人格",让它也和人一样,有思想,有感情。

虚实相生,情景交融

第十届金鹰电视节开幕式上,汪涵等四人被要求挑选四个箱子里的不同礼物,并说出跟金鹰节的联系。没想到,汪涵的箱子里空空如也。但这并没有难倒他,只听汪涵说:"我突然想起《道德经》里有一句话:有,是万物之所始;无,是万物之所母。十届金鹰节,我们有太多太多的骄傲,但是我们要把这个'有'牢牢地放在心里,把这个骄傲放在心里,我们将来面对着逐鹿中原一般的战场,大屏幕、小屏幕、新媒体、互联网,我们要把这有可能的'无'的危机时时地放在脑子里。所以,我要把这'无'送给我们所有的电视人,送给我们每一个金鹰节的参与者,要把这一份小小的危机放在心里。"

汪涵真可谓是急中生智,凭"空"想象,"无"中生有!他巧借《道德经》联想到"有""无",进而虚实结合,将电视人所"有"的骄傲、姿态和责任以及互联网对电视媒体的冲击、未来电视有可能会消失、应该增强的"无"的危机意识娓娓道来,一番话语逻辑严谨,思维缜密,并且升华了主题,不仅巧妙化解尴尬,而且彰显无中生有、应变能力强的口才,获得一片赞誉。

合理想象,巧妙构思

有一次,《人物周刊》记者采访黄渤:"你的第一部影视作品是出演管虎执导的电影《上车,走吧》,我前些天重看那部电影,觉得你那时状态确实跟现在不一样。你会怀念当年的状态吗?"黄渤说:"那时是刚摘下来的茶叶,后来变成炒熟的茶叶,然后经过这些年压成了饼,慢慢存放,开始成了年份普洱。"记者插了一句:"年份普洱很贵啊!"黄渤哈哈一笑:"也分品种。"

无中生有,离不开丰富的想象,但无论多么新奇的想象都是以现实为基础的。构思时,主要考虑好事情的起因、发展、高潮和结局,头脑里的故事轮廓一定要清晰和完整。黄渤把自己比喻成茶,从摘嫩叶到炒熟、压饼、成为年份普洱,生动地表明了他从青涩鲜嫩到成熟的演艺成长之路,给人以艺术的享受和心灵的启迪。

老子在《道德经》中说:"道生一,一生二,二生三,三生万物。"讲的就是"无中生有"的道理,任何"有"都来自"无"。需要注意的是,"无中生有说话术"绝非指那种胡编乱造、毫无情理可言或难以想象的脱离事实的夸夸其谈。

练习:

脑子里有"货",嘴上才能说出来。所以我们要在平时注意增加知识储备,从现在起,每天读五条新闻,并把它们复述出来,日积月累,相信你的储备会越来越丰富!

 Tips:这样成为演说家

怎样与陌生人交谈

许多人对参加有陌生人在场的谈话,都有一种畏怯心理,有的人甚至见了陌生人一言不发。不过,掌握以下几点就会很快和陌生人熟络起来。

1. 主动跟对方打招呼,先做自我介绍,再去请教对方的姓名、情况等。

2. 找话题寒暄,融洽气氛。譬如,说几句"今天天气真好""你的衣服真好看""墙上的这幅画不错",就地取材,寻找话题,先活络气氛,消除陌生。

3. 尽快熟悉对方,了解和判断对方的性格、兴趣和爱好等,进一步有针对性地扩大话题范围,以免话不投机半句多。

4. 善于倾听,倾听对方谈话时,要多与说话人交流目光,适当地点头或做一些手势动作,表示自己在注意倾听。

5. 共同探讨问题,围绕共同感兴趣的话题可以做进一步的交流沟通。

6. 交谈结束,礼貌告辞,如有和陌生人日后进一步联系的愿望,可以请求对方留下联系方式。

跟名人学 "关键词" 串联

"关键词"串联说脱口秀

在由深圳卫视举办的《绝对笑星》超级模仿秀全国总决赛上,主持人说了三个关键词——"馒头、世界杯、深圳卫视",要求选手李正国在 40 秒内将这三个词串成一段话或者一个故事。

李正国稍微准备了一下,便脱口而出:"我相信每个人都喜欢看世界杯,我当年的情况吧,家里很穷,没电视,有一次为了看世界杯,我揣着两个馒头,就跑到生产队去看。看到半夜,饿了就啃冷馒头。当时为什么如此痴迷世界杯呢?因为世界杯不仅代表一种文化,还代表了人的一种拼搏精神,就像深圳卫视给大家带来的娱乐大餐、精神食粮一样。"李正国绘声绘色的"脱口秀",赢得了现场热烈的掌声。最终,他脱颖而出,成为最佳表现者之一。

我们不得不佩服李正国的"关键词"串联技巧。他联系自己当时关注的"世界杯",开门见山说明了"世界杯让人喜欢"的原因,然后,一波三折,回忆过去"没电视""生活条件差"的情况下,也要想方设法去看,不仅顺理成章地将"馒头"一词串联起来,而且生动地表达了自己对世界杯的真心喜欢。进而,以"世界杯代表一种文化、一种拼搏精神"总结了自己喜欢的理由,并用"深圳卫视"类比,说明它们所共同具有的能够丰富人们精神食粮的作用。李正国的"关键词串联",一气呵成,意境深远,因而受到观众的好评。

"关键词"串联,就是把看似毫无关联的几个词语,通过自己的联想和语言技巧,串成一段话或者一个故事。它不失为一种训练"脱口秀"的好方法。

"关键词"串联也要恰到好处

在一次综艺节目中,美国著名脱口秀主持人艾伦抽中一张卡片,上面写着——航天飞机、忽略、感激、抱怨。现场要求她用这几个关键词来叙述一个游记的感悟故事。她略一思忖,便脱口而出:

"暑假期间,我和父亲去住在佛罗里达海岸附近的二叔家,那里距离肯尼迪航天中心非常近,对此,我非常好奇。我便问二叔:'住在海边,还能经常观看发射航天飞机,一定非常有意思吧?'没想到二叔说:'我极少去海边。我甚至懒得迈出家门去看发射航天飞机。''你在开玩笑吧?为什么?'他淡淡地说:'我已经见过很多次了,没什么好稀奇的。'二叔的话让我感慨良久,生活中,不也是如此吗？有很多我们熟悉和亲近的人，我们几乎天天都能见到他们，当我们天天能见到他们的时候，我们就慢慢地忽略了他们。当我们忽略他们的时候，我们就很少再去欣赏他们；当我们很少欣赏他们的时候，我们就很少感激他们；当我们不再感激他们的时候，也许对他们的抱怨就开始了。"话音刚落，现场便响起了热烈的掌声。

像这样的"关键词"串联，就是在给定词语、限定主题的情况下，既要注意把每个词都用得恰到好处，又要把握主题，不可跑题。讲故事时，要具有感情色彩，最好能够体现出一定的实际意义。显然，艾伦很好地做到了这几方面的要求。

"关键词"串联最好融入情感

在有一年的"香港小姐"竞选中，主持人要求选手刘倩婷用"兴奋、树林、河流、成功"这几个词讲个故事，最好能表达出一个哲理。刘倩婷不慌不忙地娓娓道来：

"一位冒险者在树林里前行，他刚刚顺利渡过一条十分湍急的河流，再走不远，他就能成功穿越这片很大的树林了，想到胜利后的喜悦，他真的很兴奋。不料，他却被一块不大的石头绊倒在地，这一跤对他来说又算得了什么呢？他完全可以不费太多力气站起来。可是，他无意中看了一眼这块小石头，突然发现它的一面长满了苔藓，于是他有所警示地朝前方仔细望去，这时他才发现，他的眼前是一片很大的沼泽地，隐约可见几根白骨。他猛然惊醒，果断地选择了另一条路。如果他没有发现这块石头的异常，他必将继续前行，最终葬身于此。这个故事不是告诉我们——跌倒不可怕，哪里跌倒就在哪里爬起来，而是跌倒之后不要急着爬起来，也许更大的危险就在前面。所以，在失败的时候，我们要懂得反省，不让自己之前的努力白白付出。"现场响起一阵热烈的掌声。刘倩婷凭借出口成章的口才，成为当年的香港小姐冠军。

刘倩婷的"关键词"串联，成功之处就在于她既能娓娓道来，讲好一个完整的故事，又能适时评述，表达自己的观点，抒发自己的感情，从而使大家产生了强烈的心理共鸣。

在"关键词"串联中，我们还要认识到，同样的一组词语，不同的人会有不同的串法，各有各的特色，能充分体现出个人的语言风格。因此说，任何一组词都绝不存在最好的串法。没有最好，只有更好，因此，只要勤加练习，就可以让你成为真正的"脱口秀"达人！

练习:

自己找四个到五个不相关的词语,在规定时间内,把它们串联成一段完整的话。如果可以轻易做到,可以为自己命题,比如:用五个词串联一段话,最好能表达幸福的主题。

Tips:这样成为演说家

开玩笑要注意些什么

适当地和人开一些玩笑,可以活跃气氛,拉近与他人的距离,赢得他人的好感。但如若开玩笑不当,则会适得其反,伤害到别人的自尊和情感。所以,开玩笑一定要注意以下几点:

1. 要看准对象。开不开玩笑,开什么样的玩笑,开到什么程度,都是因人而异的。和宽容大度的人开点儿玩笑,或许可调节气氛,和女同学开玩笑,则要适可而止。对于长辈、老师,开玩笑应特别慎重,尤其是在有别人在场的情况下,不当玩笑会伤了他们的尊严。

2. 要注意场合和环境。在很多场合,比如朋友同学聚会、课间休息、日常闲聊等,开玩笑能够营造轻松、愉快的氛围。但是在会议、图书馆、危重病人的病房或者葬礼等严肃的场合则不宜开玩笑。

3. 要选择好内容,忌开庸俗的玩笑。千万不要拿别人的生理缺陷开玩笑,不要拿别人的短处开玩笑,不要拿别人的隐私开玩笑,这样会伤害别人的自尊心。只有内容健康、情调高雅的玩笑,才能赢得别人的尊重和钦佩，低俗的玩笑也能博人一笑，但过后便觉索然无味，还易给人留下不好的印象。

　　4. 要把握好时机。一般在别人高兴的时候开玩笑，人逢喜事精神爽，如果别人因一点点小事情而烦恼，那么也可以通过开玩笑把别人的心情变好。

跟名人学 关联词 即兴谈话

所谓关联词,就是用来有效联结语言并表达出因果关系、假设关系、转折关系、递进关系、条件关系的词语,它能让我们快速组材,使材料聚而不散,并能使我们的语言表达条理清晰、结构严谨、句式灵活,达到出口成章的效果。

在某次母亲节大型感恩会上,李开复即兴说道:"现在回想起来,我小时候最喜欢的事情就是躺在母亲怀里读书。那时候,如果有人问我最怕谁,我会马上回答'最怕妈妈';但如果有人问我最爱谁,我也会毫不犹豫地回答'最爱妈妈'。正是这样一位严厉而又慈爱的母亲教会了我什么是严谨和务实,什么是品行和礼仪,什么是快乐和温馨,什么是忠孝和诚信……我很庆幸有这样一位既传统又开明,既严厉又温和,既勇敢又风趣,既有爱心又有智慧的母亲。她的教育既有中国式的高期望，也有美国式的自由放权；既有中国的以诚待人，也有美国式的积极进取。如果说我今天取得了任何的成功，那么，这些成功都是来源于母亲的教诲、牺牲、信任和支持。"

李开复先是以假设入手，用关联词"如果……如果……也……"，说明自己的妈妈是一个严厉而又慈爱的妈妈，进而他用表示递进关系的关联词"既……又……""既有……也有……"，将母亲的优点和长处以及对自己的深刻影响全盘托出，让人深深感受到了他对母亲的赞美与感恩，令人感慨不已。如果他在谈话中不是运用"关联词组合法"，那将会使他的谈话凌乱无序，效果大打折扣。

"学习型中国"论坛上，王蒙即兴谈道："我愿意特别强调和讨论学习的绝对性。学习对于我是一个绝对的概念。之所以说是绝对的，是因为第一，它是无条件的，什么条件下都能学习。有书可以学，没有书照样要学。身体好的时候要学，躺在病榻上也要学。第二，学习是从始至终的，全天候的，是与生俱始，与生俱终的。第三，学习是一个人真正的看家本领，是人的第一特点、第一长处、第一智慧、第一本源，其他一切都是学习的结果、学习的恩泽。第四，学习是永远没有完结之日的，一切学习一切教益，都有自己的时间、地点，课题的针对性、具体性、生命力与局限性。最后，学习是涵盖一切的。生活即学习，学习即生活，学习即性格，性格的自我认知、发扬发挥与自我控制、自我完善都是学习。"

王蒙从因果关系入手，他用关联词"之所以……是因为……"

先亮明自己"绝对要学习"的观点,进而在阐明原因时,他用表示承接关系的关联词"第一……第二……最后"条分缕析,将原因娓娓道来,突出顺序,条理清晰,让人听得明白顺畅,深感学习之重要,誓做学习型之人。如果他不是用因果关联词统摄整个演讲的逻辑关系,如果他不是用承接关联词来恰当安排顺序,那将会使他的谈话显得杂乱无章,让人如坠云雾,不知所云。

由上可见,关联词组合法,是运用关联词把一些松散的材料组织起来以展开谈话。只要我们在平时多注意学习关联词的使用,熟练掌握关联词所表示的各种关系,那么,我们也一定能像李开复和王蒙一样,利用关联词,快速即兴谈话。

练习：

关联词在我们口语表达中应用很广，你可以找一篇文章，把里面的关联词画出来，用口语化的表达来替换它们。如"为什么……因为……"在口语中稍显生硬，可以替换为"什么原因呢……在我看来……"。

 Tips：这样成为演说家

如何做到语言句式灵活

句式灵活多样，语言表达才会有一种灵动感、生命力，一种变化有致的生动之美。如何做到句式灵活呢？

1. 整散相间，参差错落。整句的特点是结构相同或相似，形式整齐，音韵和谐，节奏协调，气势贯通，适合于加强语势、强调语义，表达丰富的感情。散句的特点是长短不一，富有变化，自由活泼，能使语气舒缓，舒卷自如。

2. 长短有致，节奏性强。长句结构复杂、词语较多，短句结构简单、词语较少。长句和短句各有各的用处、特点和修辞效果，也要结合使用。

3. 善用疑问句和感叹句启人心智，引人深思。使用疑问句可以提出问题，把思维引向深入；可以设疑问难，激发听者的兴趣。使用反问句还可以强化语气，增强话语的力度。使用感叹句可以强化感情，使谈论充满激情。

4. 妙用常式句和变式句增强语言的表现力。常式句主要是指按主语在前、谓语在后、宾语次之的顺序，以及因前果后、先轻后重等正常逻辑顺序组成的句子；变式句则是为突出表达某一方面的内容而临时改变某些句子成分位置的句子。变式句一般有两种形式：一种是句内成分的倒装，另一种是分句的倒装，如"虽然……但是……"的倒装和"尽管……也……"的倒装等。

5. 巧用肯定句和否定句强化感情，充实内容。一般来说，肯定句语气较重，否定句语气较轻，双重否定句语气更重。肯定句和否定句交错使用能取得意想不到的表达效果。

跟名人学 —— 自夸式幽默

"王婆卖瓜,自卖自夸。"言语交际中,我们若能巧妙得体地自夸,不仅能活跃气氛,还能彰显幽默口才。

标新立异法

在影视圈混得风生水起的黄渤,如今又签约索尼唱片公司,正式进军音乐圈。记者采访时赞他为"全能艺人",黄渤没有自谦,而是自夸道:"人家分偶像派和实力派,我是'偶实派',就是力争做偶像派和实力派的混合体。有这么多才能,我也很苦恼,但是没办法,能者多劳嘛。"惹得台下笑声阵阵。

黄渤善立新意,将自己夸赞为"偶实派""能者多劳",具有新奇性和独创性,一下子形成了幽默的意境,令人忍俊不禁。

这样的实例还有:《出彩中国人》中,蔡国庆身穿花卫衣加橘色长裤，说到这身衣服，蔡国庆得意地自夸说："我是个内心充满色彩的人，我不可能再是'小鲜肉'了，但我是一个有滋有味的'老腊肉'。"

插科打诨法

里约奥运会后，张继科迅速蹿红，知名度越来越高。在参加综艺节目《看你往哪跑》时，说起自己的颜值，他不无自夸地说："在体育圈里，我不敢说长得第一帅，至少也是前两名吧，保守点儿绝对也算前三，保三争一吧。你说哪有这样的人，既有成绩也有颜值，而且我的颜值还和一般颜值不一样，你们发现没有？我是越看越好看那种。"张继科说完，自己都忍不住哈哈大笑起来。

张继科对自己的颜值有着如同球场上的绝对自信，他卖萌调侃体育圈里"保三争一"，自诩"越看越好看"。一番豪言式的插科打诨，谐趣横生，叫人乐不可支。

这样的实例还有：董卿曾在春晚和多名魔术师搭档变魔术，有一次，有人拿"托儿"调侃和揶揄她，董卿不生气反而自夸道："我是'央视第一托儿'，我是魔术师们最爱的董卿。我为什么愿意当托儿？就是为了把最好的节目效果呈现给观众，这也叫职业精神！"

抑人扬己法

一次论坛上，谈到传统产业和互联网之间的关系，董明珠自卖自夸道："实体企业和制造业是老虎，互联网是翅膀。都说'互联网+'是如虎添翼，没有我们这样强壮的老虎，'互联网+'算什么？

如果没有实体经济，只靠互联网，不可能成功。互联网仅仅是一个工具，你在网上开一个店你就成功了？那你卖什么？所以，我要说，这个社会不能没有马云，也不能有太多马云，但董明珠是越多越好。"

董明珠强调实体经济的重要性，拿互联网大咖马云开玩笑，不惜"按下"马云，"抬高"自己，马云在中国能有但不能多，而自己则多多益善，一番自夸，让人不觉莞尔。

这样的实例还有：辽宁卫视《组团上春晚》节目中，笑星潘长江和巩汉林两位老友一起担任评委，潘长江望着巩汉林干瘦的身材，一脸得意地自夸道："汉林，你太瘦了，像生鱼片。我是没身高，但我有姿色啊！"

简·奥斯汀说："最虚伪的事，莫过于谦虚的嘴脸。你想自夸，尽管自夸。"诚哉斯言！若是故作谦逊，还不如像以上几位一样善于自夸，表现出你的亲和幽默来。

练习：

据我观察，大多数同学不擅长说夸奖别人的话，让我们从真诚地夸奖身边人做起。每天至少选择一位同学，对其进行真心的夸奖，时间一久，你看待人和事的心态就会转变，口才也会变好。

Tips：这样成为演说家

夸人的六种实用方法

1. 不要浮夸，要以事实为依据真诚地去夸人。就是说要尊重事实，不能睁着眼睛说瞎话。比如你不能对一个丑女说"你长得真漂亮"。赞美得有事实根据，否则就成了虚伪或讽刺，只会让别人听着刺耳，而且对你失去好感。

2. 夸人一定要注意细节，具体的赞美更让人信服。你的赞美越具体越容易让人相信，赞美一个人长得好看，与其笼统地说"你长得真漂亮"，不如具体地说"你的眼睛很美"。

3. 多雪中送炭，少锦上添花。比如对一个长得漂亮的人，你无须再对他夸赞漂亮，因为他本人是知道自己的漂亮的，反而是那些因为长得不漂亮而自卑的人更需要得到赞美和肯定，你的赞美会成为激励他们的动力，让他们重新树立自信，也使你成为雪中送炭的那个人，从而使他们对你铭记于心。

4. 间接的夸奖更能讨得欢心。当面夸人固然能让对方高兴，而如果对方能从另外一个人的口中听到你夸他，他将会更加高兴和相信。所以，有时候背后夸人比当面夸人更让对方欣喜。

5. 夸人时，千万不要通过打击、贬低一个人，来达到夸赞另一个人的目的。夸人只针对一个人，不要采取对比的方法，那样将会使另一个人很没面子，也会使你夸了一个人，同时又得罪一个人，实在不划算。

6. 赞美的话要有新意，不能人云亦云，赞美别人也是要有个性的。别人说什么你也说什么，自然不会给对方留下深刻的印象，不如从对方身上发掘新的闪光点，或者调整自己的赞美语言，说出令人耳目一新的夸奖之词。

跟名人学幽默道歉术

生活中，谁也难免出错犯错，即使你认为自己已经尽力，也都有可能得罪或对不起他人，这种情况下，适时表达歉意恐怕就是最重要的了。但如何表达歉意，这可是一个技巧问题，也是一种艺术。不过，有一种"幽默道歉术"，倒是很管用。

李瑞英：大家欢乐，我就不烦恼

有一次，央视名嘴李瑞英在播报《新闻联播》时出现断词儿："多条高速铁路呢，降温，呃那个，持续呢降速运行。"随后，一段名为《＜新闻联播＞失误集锦》的逗笑视频在网络热传。不久，李瑞英在出席主持人郎永淳和妻子吴萍合著的新书《爱，永纯》发布会上，有记者提到了她和其他主持人发生"口误"的问题，李瑞英毫不遮掩，并向观众道歉说："作为新闻主播确实应该做到永远不出错，永远不打嗑儿。但工作这么多年，确实有一些地方表现欠佳，如果我们错了，没有任何借口。我们也会更加努力，严格要求自己，提高业务本领，也望大家多多包涵。看到这些（口误）大家都挺欢乐的，我觉得我也没那么烦恼了。"引得现场一片大笑。

李瑞英坦诚自己在"高标准、严要求"面前还有差距，表达了实事求是的认错态度和从严要求自己的决心，令人称赞，也让人更加理解新闻主播这个职业。更难得的是，李瑞英还不忘借助《<新闻联播>失误集锦》的逗笑视频，幽大家一默，既愉悦了自己，也愉悦了别人，为表达歉意锦上添花，无不让人深深感受到了表达歉意者的可爱。

李娜：如果你们开心了，那我就回家了

有一次，澳网公开赛女单半决赛中，中国选手李娜直落两盘以2：0击败加拿大球手布沙尔晋级澳网决赛。李娜的胜利，令布沙尔的粉丝十分沮丧。现场，布沙尔有一批来自她的祖国加拿大的铁杆粉丝，名字叫作"尤金妮军团"。那届澳网，布沙尔的每一场比赛，他们都会来到现场给布沙尔助威。赛后的记者会上，李娜深深感受到了布沙尔的"尤金妮军团"的情绪，向来机敏幽默的她道歉说："布沙尔一定会成为最好的球员，但我真的感到很抱歉，对不起，我击败了她。但比赛就是这样，如果你们开心了，那我就回家了。"语毕，现场响起了热烈的欢呼声。

李娜为自己的胜利向对手以及对手的铁杆球迷实话实说，表达

歉意，先是肯定了对手的发挥，令他们感到一种深切的安慰，继而道出了比赛的残酷性，有赢就有输，有人欢喜就有人愁，诙谐幽默，令人忍俊不禁，更使失败的一方感悟到比赛的真谛，缓解了沮丧的情绪，而李娜则为自己赢得了更多的人气和好评。

梁凤仪：又是一名好汉！

有一年，香港女作家梁凤仪应邀去北京大学演讲，途中遇上塞车，迟到1个小时。一上讲台，梁凤仪向同学们先鞠了一个躬，然后说："各位同学，梁凤仪在此向你们诚恳地道歉，我迟到了。迟到了是因为塞车，北京塞车既是平常事，人所共知，我如何会不知不觉，而不把塞车的时间计算在内？因我的疏忽与轻率，迟到了1个小时，如果在座有1000位同学，我总共浪费了1000个小时的生产力量，影响了1000个人的心情，这不是我的错，是谁的错呢？我只能盼望你们原谅！经此一役，我学会了，以后在常会堵车的境内大城市，如遇上重要约会，我会提早到达现场附近，找间咖啡厅，坐下来，喝杯咖啡，就一定能准时到场。知过而想办法改善，是赔偿过失的最好办法。所以，错了，先认错，再图改，又是一名好汉！"话刚说完，满堂掌声。

梁凤仪不隐瞒与掩饰自己迟到的过失，而是敞开胸襟，爽快地、老实地、由衷地检讨自己，承认过错，并立志要"吃一堑长一智"，思谋图改，成为好汉。这样的道歉怎能不让人怜爱？

练习：

在生活中，很多同学羞于道歉，不敢承认自己的错误。现在请你回想自己曾经做错的一件事，尝试如何用幽默的方法说对不起，打好腹稿后，真诚地向对方道歉。

 Tips：这样成为演说家

怎样说出不好意思说的话

"不好意思"的心理，是内心的一种自我保护机制发挥作用而造成的结果。"不好意思"，就是为了规避一些情绪上的损失。比如，当别人向我们求助的时候，有一些人可能一直不好意思拒绝别人的请求；当自己做了错事以后，非常不好意思去道歉；在公共场合该讲话的时候，自己不好意思去讲话；有异性在场或者与异性面谈的时候，不好意思去主动谈话和接话。

导致"不好意思"的原因有很多，但实质上是放不下面子，害怕丢面子，害怕别人的负面评价等。所以，要想克服"不好意思"的心理，勇于说出不好意思说的话，首先要增强自我认知，学会调节自己，树立起"言者无罪"的思想。其次要善于激励自己，相信自己说的话是有益的，是对人有好处的，用预期的好结果去鼓舞自己，大胆地去说。最后要逼迫自己去说，讲也得讲，不讲也得讲，人都是被逼出来的，人的潜能是无限的。逼自己一把，就能持续改变，持续突破，战胜自我！

跟名人学即兴幽默

要么沉默,要么幽默。其实,在言语交际中,谁都想给人留下风趣幽默的印象。可到了关键时刻,又不知怎么幽默起来。这里教你三招,让你在"秀"幽默时更加得心应手。

出人意料法

2016年赵薇三登春晚演唱一首名为《六尺巷》的新歌,记者采访她:"第三次登上央视春晚舞台,有什么新的突破和特色?"赵薇爽快地答道:"当然有突破,尤其在年龄上有突破!"惹人爆笑。

出人意料法,就是结果要在情理之中、意料之外,使大家想象的结果与你说出的实际的结果之间产生强烈的反差,从而产生幽默的效果。赵薇的"突破",也许你在揣测她的演唱或者着装风格会有什么突破,不料,赵薇给你的答案是"年龄上有突破",让你想都没想到，如此顿跌的结果反差强烈，故而产生幽默效果。

顺势就势法

美女制片人黄澜接棒黄菡成为《缘来非诚勿扰》的点评嘉宾。孟非介绍黄澜说："黄澜和黄菡都姓黄，我们组合的名字都没变。还都这么漂亮。"随即，黄澜接过话茬，说道："一个黄老师离开了，我们千万个黄老师在成长。"逗得现场笑翻一片。

顺势就势法，就是把他人的话作为前提、铺垫和条件，顺势发挥，插科打诨，抖搂出幽默。黄澜在孟非介绍"都是黄老师"的前提下，进而调侃"千万个黄老师在成长"，不仅很好地实现了两位黄老师的"情感交接"，而且活跃了现场气氛。

曲说隐衷法

电影《恶棍天使》影迷见面会上，邓超与影迷展开热烈互动。一位女观众与邓超自拍，半天没有打开手机。邓超打趣道："我皮肤黑，需要特殊拍照软件，美颜相机启动比较慢。"惹人捧腹。

曲说隐衷法，就是旁敲侧击、拐弯抹角地说，而幽默形成就在曲折暗示处，以一种荒诞不经的方式启示他人顿悟。邓超表情浪费大半天，而对方却一直打不开手机，双方都尴尬，于是他通过自我解嘲婉言相告"别再拍了"。可见，曲说隐衷，不仅彰显风趣幽默，还能很好地替人解围，也能摆脱自己的尴尬。

只要你能很好地掌握以上三招，你一定能成为人见人爱的同学，因为你已经离幽默的脱口秀达人又近了一步了！

练习：

幽默的人往往自己也很爱笑，每天在镜子前练习微笑，加以展示形态和手势，并请家人或朋友为自己提出意见。慢慢练习，你的亲和力会大有提升。

Tips：这样成为演说家

怎样得体地拒绝别人

人活在世上，总会有些同窗好友或同事朋友，相处的日子久了，自然要相互请人帮忙，假如能办到又不违背原则的话，当尽最大的努力，假若朋友提出的某些要求过分，不是自己力所能及的，那就要学会说"不"。那么，怎样开口拒绝，才不会伤害对方呢？应该从以下几个方面进行考虑：

1. 耐心倾听对方的要求。即使在对方讲述中途就已经知道必须加以拒绝，也要听人把话讲完。既表达对其的尊重，也可更加确切地了解其请求的主要含义。

2. 要明确告诉对方你要考虑的时间。很多人经常以"需要考虑考虑"为托词而不愿意当面拒绝请求。内心希望通过拖延时间使对方知难而退，这是十分错误的。假如不愿意立刻当面拒绝，应该明确告知对方考虑的时间，表示自己的诚信。

3. 拒绝的话不要脱口而出，拒绝的时候要和颜悦色。首先感谢对方在需要帮助时可以想到你，并且略表歉意。注意，过分的歉意会造成不真诚的印象，因为假如你真的感到非常抱歉的话，就应该接受对方的请求。

4. 态度要坚决，避免模棱两可的回答。不能因为对方再三的请求而改变想法，因为这样会让对方以为有回转的余地，对己对人都不负责任。甚至耽误对方办事，为双方之间埋下不愉快的种子。

5. 必须说明拒绝的理由。说出真诚的并且符合逻辑的拒绝的理由，对方了解你是爱莫能助，这是最成功的拒绝，有助于维持原有的关系。假如你觉得拒绝的理由不充分，也可以直接拒绝，不讲明理由。千万不可编造理由，因为谎言终究会被揭穿。当你讲明理由后，对方试图反驳，你千万不可与之争辩，只要重申拒绝就行了，争辩只会把关系搞僵。

6. 对事不对人。一定要让对方知道你拒绝的是"他的请求"，而不是"他本身"。

7. 拒绝之后，最好可以为对方指出处理其请求的其他可行办法。

8. 千万不可通过第三方加以拒绝。通过第三方拒绝，除了显示自己懦弱的心态，并且非常缺乏诚意。

跟名人学言语谦卑法

孔子是令人高山仰止的一代圣人,但他在与学生交流时,屡屡谦卑地说:"吾有知乎哉?无知也。"意思是,我知识丰富吗?我一无所知。孔子勇于"自我否定"表谦卑,不仅是一种口风口德,更是人生的大智慧。林清玄说:"唯有谦卑,才配得上你过人的智慧。"那么,该如何用语言表谦卑呢?

借代法表谦卑

唐杰忠和马季有过很长时间的合作,谈起两人的交往,唐杰忠幽默地说:"最初,我跟马季一起在刘宝瑞的教导下学习相声艺术,虽然他年纪比我小,但当时我就偷偷地'爱'上了马季,我觉得他就是'小侯宝林',表演热情奔放,艺术上是顶尖的,而且马季特别爱相声,拿相声当生命。总结我跟马季的合作,就是'秃子跟着月亮走——借了很大的光!"

唐杰忠援引一句歇后语,运用借代的修辞手法,用"秃子"和"月亮"来代称他和马季,对比鲜明,褒贬有致,尽显他对马季的敬重,也很好地表达了自己的谦卑,不与人争名夺利,自己沾尽人光,名望和成功都得益于他人。

这样的实例还有:周星驰邀请黄渤出演《西游降魔篇》时,黄渤曾谦卑地对星爷说:"您这座山太高了,我翻不过去。"周星驰说:"用你独特的路子,开创一个不一样的孙悟空就可以了。"合作以后,星爷对黄渤的演技叹服道:"你现在是喜剧演员中的王中王!"黄渤既幽默又谦卑地说:"王中王?星爷这是在说我是火腿肠呢,哈哈。"

自嘲法表谦卑

袁隆平不只是一个科学家,还拉得一手美妙的小提琴。有一次,袁隆平出席一个重大颁奖活动,会前有人提议他拉琴。他拉起了科学家李四光的作品《行路难》,博得满堂喝彩。不过,袁隆平一如既往谦卑地说:"我是一个南郭先生,只晓得合唱合奏,单独表演搞不像,不登大雅之堂。没办法,不能让大家扫兴。"

袁隆平并没有因拉得一手好提琴而志得意满,骄傲自大,而是自嘲"不会拉琴的南郭先生",表明自己在小提琴上并无多高造诣,只是可以逗大家一乐罢了。一番话语,尽显虚怀若谷的情怀。

这样的实例还有:有一次,记者高度赞誉李承鹏是"著名杂文家、畅销小说家,当代中国具有重要话语地位的公共意见表达者和思想者",李承鹏自嘲自黑地谦卑道:"写正经的书我写不来,我的书是给坐马桶的、和太太吵过架的、被老板骂过的人看的。"

转移法表谦卑

钱文忠在央视《百家讲坛》主讲《玄奘西游记》《三字经》《弟子规》《百家姓》,使得他获得极高的声誉和人气,接受记者采访时,钱文忠谦卑地解释说:"我的所谓成功和名气应该归结于全民对于文化的渴求。这就好比钻井采油,全民的文化需求不知不觉到了一种井喷的状态,而我正是井喷时恰好坐在井盖上的那个人。"

钱文忠十分自然地以"归功于人"的转移法表达了自己的谦卑。他将获得"功名"的功劳归于"全民对于文化的渴求",进而用"井喷"譬喻,一语双关,说明自己的成就全靠大家捧。一番谦卑之语,彰显"不忘本"的品质,很好地答谢了观众的厚爱和支持。

这样的实例还有:范伟凭借《不成问题的问题》荣膺第53届金马奖最佳男主角,面对铺天盖地的赞誉,他谦卑地对记者说:"以前我很幼稚,以为努力就能把戏拍好。现在我越发觉得,演员自身的能力是有限的,没有高质量的团队配合你,再使劲儿也没用。"

一位作家说:"即便是用永恒来形容,那也是谦卑之语。"谦卑使人成功,谦卑使人敬佩,谦卑使人永存,让我们都来多言谦卑之语吧!

练习：

要时刻有练习的意识，无论身在何处，都可以把你见到的事物用幽默的方式说出来。这样不但可以训练你的大脑反应速度，更能增强幽默感，幽默的人在社交中将会更受欢迎。

 Tips：这样成为演说家

谈话冷场时怎么办

日常交际中，由于话不投机或不善表达，常出现冷场的情况，冷场无疑令人窘迫。那么，应该如何快速打破冷场局面呢？

打破冷场的技巧，就是转移注意力，另换话题。

1. 立刻向对方介绍一个人、一件事或一样东西，以转移大家的注意力，激发他们重新开口的兴致。

2. 提出一个大多数人都感兴趣并有可能参与意见、发表看法的问题，重引话题。

3. 开个玩笑，讲个小故事或小段子，活跃一下气氛，再巧妙地转入正题。

4. 用聊天的方式，和一两个人谈谈日常，问问情况，"明修栈道，暗度陈仓"，引出众人关注的话题。

5. 就地取材，对环境、陈设等发表看法，引起议论。

跟名人学暖场技巧

在一些节目或活动正式开始时,为了达到活跃气氛的目的而进行的现场语言交流,称之为"暖场"。暖好场不仅能调动听众的情绪,愉悦大家,也能给人留下深刻印象,尤其在一些活动正式开展之初做好暖场,则能让现场的气氛活跃起来。

归纳总结

东方卫视"2018电视剧品质盛典"上,担任嘉宾主持的张国立先登台暖场,来了一段介绍众演员的脱口秀:"今天来了很多'龙',吴奇隆、张云龙、柳云龙、陈龙、于朦胧,你们加一块就是'鱼龙混杂';现在电视剧流行几个哥:'盒饭哥'何润东、'前夫哥'雷佳音、'快递哥'张译,'厉害了我的哥'是凯哥,这凯哥不是陈凯歌,是王凯这个凯哥;现在的电视圈还流行几种演技,一种叫'控油式'

演技,以黄晓明为代表,一种叫'毁容式'演技,以郭京飞为代表,还有一种'美颜式'演技,马伊琍、江疏影、刘涛、袁泉、关晓彤,她们是美又有演技。今天是品质盛典,这个名字起得特别好,品质的'品'字有三个口,我们今天要向各位推荐的就是:大家能够脱'口'而出的,而且是交'口'称赞的,最后是有'口'皆碑的作品和人。人,品味、品相、品质,缺一不可。"

张国立取材于现场的男女演员,极尽归纳总结之能事,或利用谐音调侃名字,或玩俗称梗逗趣,或分类戏谑演技,或拆字巧解说意,真可谓妙语解颐,亦谐亦庄,意趣盎然,既达到了介绍众演员的目的,也很好地起到暖场效果。

刻画形象

在第七届中韩作家会议开幕式上,作为东道主代表的舒婷则用简要介绍参会的中国作家来暖场。在介绍福建省文联书记处书记、副主席杨少衡时,舒婷只用了两句话就让台下听众一阵大笑:"这是我的顶头上司,要多说,就有巴结领导的嫌疑。"介绍长沙市文联主席何立伟时,舒婷则说:"何立伟出道很早,他看着年轻,其实已是'中年老作家'。"轮到著名作家林那北了,舒婷介绍道:"去年,她拿了'五个一工程'奖,我一直惦记着,她拿了奖金还没请我吃饭。"本土作家须一瓜在多年前就已声名鹊起,舒婷很干脆地说:"她的头衔,我不知道有没有说错:《厦门晚报》终身首席记者。她的粉丝众多,最忠实的粉丝,是我自己。"舒婷还趣侃中国诗歌学会副会长骆英:"骆英一般不站得太直,我也不离他太近,否则我的颈椎会疼。除了副会长的职务外,在我看来他最伟大的职务还是登山协会的会长。5月20日那一天,他才刚刚从世界屋脊珠穆朗玛峰下来。"接着来了一句很诗意的介绍,"他的双颊上,还带着珠峰的阳光。"现场顿时变成了欢乐的海洋。难怪有嘉宾说:"这个场开得棒、暖得好!"

舒婷的暖场出其不意,用诙谐幽默的方式介绍到场的知名作家,很好地刻画了每个人的形象,令人过耳不忘。可见,在暖场时,尤其在一些大型活动中,如果需要介绍在场的嘉宾,不妨巧妙刻画他们的特点,或是调侃,或是逗趣,或是诗意化比喻,都能够令观众印象深刻,很好地活跃现场的氛围。

引申发挥

六小龄童来到云南师范大学演讲,他说:"我早就来过云南拍摄《西游记》,剧中孙悟空被压在五指山下的场景就是在石林拍的,我至今对那块石头又爱又恨。《西游记》前后两部是用17年完成的,本来应该是立场最为坚定的师父唐僧,其饰演者却换了3个人,而毛毛躁躁的孙悟空,倒是万水千山走遍,一个人走完了西游全程。西天取经的师徒五人,就像一只手上的五根指头,一起变成拳头才有力量。这师徒五人的优点加在一起,就是'中国最完美男人',猪八戒的幽默、沙和尚的真诚、小白龙的任劳任怨、唐僧的执着、孙悟空的聪明勇敢,组成了'全世界最优秀的团队'。"

六小龄童开口就讲自己和云南石林的渊源，不禁让人想起孙悟空是从石头缝里蹦出来的，一下子就将听众拉到了欢乐的境地，进而援引自己全程拍完《西游记》的经历和剧中师徒五人的性格特点，譬喻调侃，引申发挥，抒发他的猴王情怀，颂扬团队精神，一番话语生动活泼，风趣动人，很好地为自己暖了场。

你懂得暖场的技巧了吗？学会暖场技巧，整个会场都将真正属于你！

练习:

应变能力是口才训练的重要一环,我们可以试着练习"故意反驳"。找一个问题,发表自己的看法,然后再去反驳自己。这样的训练可以提高我们的应变能力和思维能力。

 Tips:这样成为演说家

说错话怎么补救

说错话是难免的事,但在一些场合一旦说错了,如果能够随机应变,及时补救,化解错误带来的尴尬,就能彰显你的口才功夫。具体补救方法有:

1. 坦诚法。就是发现错误后,坦然地、诚恳地承认自己的错误并改正过来。这种坦率的做法,往往会得到人们的理解和原谅。

2. 移植法。就是把错话移植到其他地方。如说"这是某些人的观点,我认为正确的说法应该是……"这就把自己已出口的某句错误纠正了过来。

3. 引申法。迅速将错误言辞引开,避免在错误中纠缠下去。也就是接着那句错误的话之后补充说:"然而正确的说法应是……"或者说:"我刚才那句话还应做如下补充……"这样就可将错话修正了。

4. 借题发挥法。就是指错话一经出口,在简单的致歉之后立即转移话题,有意借着错处加以生发,以幽默风趣、机智灵活的话语改变场上的气氛,使听者随之进入新的情境中。

5. 将错就错法。就是在错话出口之后，能巧妙地将错话自圆其说，以神来之语化险为夷，让人出其不意。当然，这是一种"超常补救"的语言技巧。

跟名人学吐槽

吐槽,是当下人们生活中一种非常有效的打破心理距离、拉近彼此、增进感情的表达方式。吐槽也是一门艺术,可以开玩笑和戏谑,所要表达的是喜剧性的、高级的、有智慧的,目的是要娱乐大众,引导大众。

王刚吐槽儿子的偶像

唐国强是饰演过雍正、皇太极、李世民、朱棣、李元昊、李隆基、赵祯、朱元璋等多位帝王的"皇帝专业户"。除此之外,唐国强给人留下深刻印象的,还有他代言的五花八门的广告,有挖掘机技校、医院、槟榔、方便面、茶类、酒类、保暖内衣等,他也因此在圈内饱受质疑。作为戏里戏外的老友,王刚在《吐槽大会》上吐槽唐国强道:"现在的小孩追星太疯狂了,我家的卧室就被儿子贴满了唐国强的照片，我儿子小，不懂事。我就教育他，听爸一句劝，把这个摘下来，你贴这个干什么？不是所有站在挖掘机旁边的，都是变形金刚！"惹得全场爆笑。

王刚虚拟情景，影射巧妙。他先给大家设置了一个情景，就是自己的儿子把唐国强的照片贴在墙上当偶像。此情此景，他一句"不是……都是……"，立即影射到了大家最耳熟能详的唐国强那句"挖掘机技术哪家强，中国山东找蓝翔"的广告代言词上。一番吐槽，包袱抛得机智巧妙，立即造成了引人发笑的效果。

总统吐槽演讲稿太长

2017年10月30日，菲律宾总统杜特尔特访问日本，在晚宴前发表演讲时，总统御用撰稿人为他写的演讲稿足足有7页，杜特尔特讲着讲着，感到一直讲不完，讲完第4页的时候，他停下来往后翻，跳过两页演讲稿，并直接进入最后一页。他还当场吐槽说："太耽误大家吃饭了，我自己已经感到很饿了。演讲稿撰写人太能写了，我得考虑换掉我的演讲稿撰写人，他适合去当作家，而不适合写演讲稿。"此番话语使得现场哄堂大笑。

杜特尔特总统在演讲中率性而为，为不耽误大家晚宴时间果断"扔掉"两页演讲稿，直批演讲稿撰写人太能写，要换人，听起来是一个笑话，却也给人们带来不少启示。演讲贵在精而不在多，冗长拖沓的演讲令人生厌；重在讲自己的话，表达自己的真情实感和真知灼见，而不是做一个只会念稿的"机器人"。

练习：

很多同学表示自己不敢开口，所以我们要在实践中克服恐惧。争取一切可以发言的机会，不论是在课堂上还是在街上买东西，强制自己勇敢讲出自己的想法，抓到机会就发言。

 Tips：这样成为演说家

如何改掉爱说口头禅的毛病

每个人说话都有习惯的口头禅，不良的口语习惯容易让人产生厌恶和反感。例如有的人爱说"这个""那个"，有的人不厌其烦地问"你懂我的意思吗""你清楚吗"，还有的人动不动就说"累死了""我疯啦"，更有人时常把粗话脏话挂在嘴上，并形成了口头禅。怎么才能戒掉自己的口头禅呢？

1. 代词还原法。要是你的口头禅是"那个""这个"的话，下次说话的时候不妨仔细想想"那个"和"这个"到底是什么东西。如果指代的是人，就把它还原为人称；如果指代的是事物，就还原为事物的名称。这样说话既清晰明了，又"消灭"了口头禅。

2. 同义语替代法。口头禅之所以有时招人讨厌，是因为一个词语在有限的话语里重复的频率太高了。你可以用同义语来降低这种频率。例如，你的口头禅是"拜托"，就可以试试用"求你了""帮帮忙""行行好嘛""做回好心人啦"等不同语句来分别替代各个"拜托"，最终用丰富的语言战胜单调的口头禅。

3. 他人监督法。可以请你身边的人，例如，请老师和同学监督你,让他们一发现你讲口头禅就提醒你,甚至批评你。或者可以和身边的人打赌,用这种激将的办法避免自己冒出口头禅,如果"犯规",就接受"惩罚"。

当然,最重要的是自己要有从内心强化消除"语言垃圾"和改掉一无是处的口头禅的动机。动机越强烈,行动的决心才会越大,效果也才会越明显。

跟名人学 补刀

补刀就是嫌别人受伤得不够再去添一刀,即是再说一些落井下石、雪上加霜的话。交流中,伤人的补刀要不得,但如果是善意的补刀,反而能够达到一种峰回路转的幽默效果。

顺势思维,善推巧补

《真正男子汉》节目中,王宝强因为记不住手语,多次被教官拉出去单练。在教官询问王宝强"能不能记住"时,张丰毅说:"他只有在做俯卧撑的时候才能记住!"王宝强本想做10个俯卧撑,结果张丰毅来了一句:"不同意!"王宝强以为他要为自己"减量",但张丰毅却说:"怎么也得20个起!"引得哄堂大笑。

张丰毅接住话茬,补漏补缺,安插耐人寻味的理由和借口,妙趣横生,令人忍俊不禁。这种顺势思维、巧妙补充的补刀方法和技艺,不愧为名副其实的"补刀帝"。

善于颠覆，尽显幽默

《极限挑战》节目中，几位嘉宾围坐在一起，聊起了自己"小时候的英雄梦"。黄渤自爆自己小时候太弱，"谁都打不过"，所以让他有了一个"见谁打谁"的梦想。一旁的黄磊补刀："其实是见谁被谁打。"此话一出，让大家大笑一场。

黄渤自嘲梦想"见谁打谁"，本想呈现一番英雄豪气，结果黄磊补刀是"见谁被谁打"，尽显幽默风趣，给大家带来了欢乐。这种善于颠覆、反弹琵琶的补刀技巧，也不失一绝。

补刀是一种重要的说话方法和艺术，它不仅可以创造轻松和谐的谈话氛围，拉近人们的感情距离，达到良好的交流效果，而且彰显谈话者的幽默智慧和人格魅力。

练习:

找几个同学或者父母陪你一起做"话题接龙"的游戏,把两个不相干的话题放在一个语境里讲,过渡的理由一定要符合逻辑,如从看电影说到上厕所,从考试说到旅游等。

 Tips:这样成为演说家

说话必备的四种素质

说话体现着一个人的基本素质,这些素质主要包括:

1. 思想素质。说某人有口才,不仅仅是对其语言技巧上的赞美,也包含着对其说话所表达出来的正确的观念、信念和人格品位的赞赏。"三观正",说话就正。没有良好的思想素质,说话难免"毁三观",令人不齿。

2. 道德素质。一个人说话的美丑优劣,与其道德素养是分不开的。人们在评论一个人的文章时常说"文如其人"。其实一个人在言语交际中,更如其人。因此,说话在一定程度上代表着一个人的道德水准。

3. 心理素质。有些人为什么会心慌意乱,语无伦次?就是因为心理素质问题,急不择言。只有荣辱不惊,淡定从容,善于控制和调节自己的情绪,才能成为一个高情商的谈话者。

4. 艺术素质。优秀的演说家在演讲时,往往能够控制演讲的内容和听众的情绪,不时插入一段舞蹈动作,或引吭高歌,或吟诵几句古诗,把声音与态势有机地结合起来,使得演讲非常有艺术性,从而能深深地感染人,打动人。

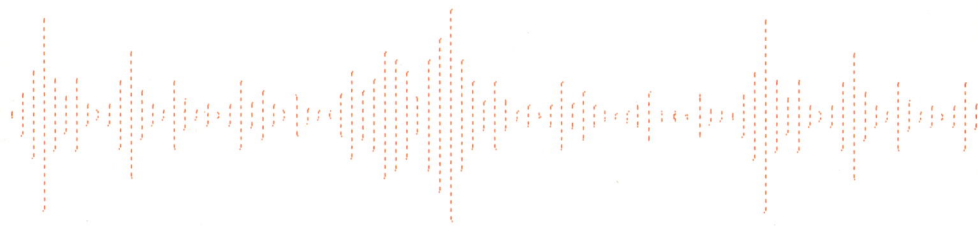

要学会演讲，就必须固执地、一个劲儿地让自己出丑，直到娴熟为止。

——萧伯纳

第四章

实用篇：跟着名人学演讲

"三自法则",推己及人

一个优秀的演讲者,往往会把自己的经历、感受、见闻变成演讲的素材,为听众现身说法,因为感同身受的事实最真实、最有说服力,也更能打动人。林清玄演讲时就有个"三自法则":

以"自己的经历"感染人

在《从人生的最底层出发》的演讲中,林清玄讲道:"我生活在农家,生活很穷,我想通过读书改变命运。我一直坚持写作,希望能变成一个成功的作家。我知道要实现自己的理想,一定要比别人更勤快。从小学三年级开始,我就坚持每天写500字的短文,不管刮风下雨,心情好坏,初中每天写1000字,高中增加到2000字,大学时到3000字,到现在已经40年了,我每天还在坚持写作。我还有个习惯,就是绝不废话,能3000字写完的,绝不会写成5000字,能 500 字写完的绝不会写成 1000 字。17 岁那年，我决定离开家乡。我曾经在餐馆当过服务生，做过码头工人，摆过地摊，还在洗衣店烫过衣服，甚至宰过牲畜。回到家，洗完手，就继续写作，变成作家，开始陆续发表作品。后来，我去报社上班，工作很卖力，因而很快就升迁，第 6 年就当了总编辑，同时还在报纸上写 18 个专栏，一时风头无两，成为大众眼中成功的人。到如今，我一共写了 170 多本书，摆起来比我的身高还高。"

一个人的经历是最宝贵的东西，擅长演讲的林清玄乐于与人分享。这里，他通过讲述自己从小就有的"作家梦"以及艰辛的创作经历，不仅翔实地披露了他的成功历程，字字刻骨铭心，句句动人心魄，而且让人深受感染，无不感叹他矢志不渝、笔耕不辍的奋斗精神。林清玄给听众传达的要义是：如果我们都能像他这样，从小就能树立远大的理想，然后不畏艰辛，扎扎实实，一步一步地去奋斗，那么一定能够成就自己，不负人生。

以"自己的感受"激励人

在《人要有自己的特质》的演讲中，林清玄讲道："历史上有一个很了不起的人，叫陆羽。他是一个弃儿，长大后，他给自己取了陆羽这个名字，意思是飘流在陆地上的一根羽毛。他立志要喝遍天下的茶，饮遍天下的水，于是从 9 岁开始就一直旅行。我后来曾追随他的饮茶之路去寻访，深刻地体会到了他的不容易，全国的产茶区那么多，在只依靠步行的年代，他都一一走遍，还写下了《茶经》，成为 1300 年来无人超越的经典。支撑他的，就是一股叫作特质的力量，他懂得，有限的人生里做什么才最重要，做什么才最快乐。你看看这个世界，最辣的是辣椒，最酸的是柠檬，最苦的是苦瓜，最甜的是甘蔗。如果你把它们养在一块土地上，会出现两种结果：全部死掉，或只有一种活下来。它们本来活在不同的土地上，有不同的成长经历，如果硬将它们放在一起，也许辣椒最后会变成苦瓜。人需要发展自己的特质，但是也要包容别人的不同，这个世界才会精彩。因此每个人不必和他人做比较，因为辣椒不需要和茄子比较，辣椒只要自己够辣就好。人们从小就要发现，自己最适合做什么，你从哪里来，要去哪里，成为与众不同的你自己。"

感受是一个人体验和领悟到的东西，具有独特的价值，人们往往爱听。这里，林清玄以陆羽为例和以辣椒等物为证，在娓娓动人的演讲中，夹叙夹议，直坦心声，抒发感受，道出了"什么是特质的力量""怎样拥有特质""创造与众不同的人生"的深刻道理，令人深受鼓舞和激励，有利于人们充分认识自己，不与他人做无谓的比较，充分发挥自己的特质和潜力，做最好的自己。

以"自己的见闻"启迪人

在《走向人生的大美》的演讲中，林清玄讲起了所见所闻："我喜欢逛商场，有一次，我在上海百货橱窗看到一个 100 万元人民币的鳄鱼皮包，惊讶得不得了。因为那一年，我在陕北花了不到 20 万元人民币就盖了一座希望小学。当我说这包比一条鳄鱼还贵多少倍时,售货员都笑了。你们说,这样的东西谁买?反正我是不会买。我已经是名牌了,还用去穿名牌?但是,如果一个社会的人都在追求名牌,那是很危险的。名牌奢侈品所代表的物质欲望泛滥,精神就会荒芜。因此,人们应该建立起多元的价值观,认识到即使没有很多钱,买不起名牌,但是一样能找到快乐。财富其实不单是金钱,拥有快乐的心态,能睡得着觉、吃得下饭,其实也是财富。如果一个社会把财富的定义压缩到只剩金钱,那么这个社会的人就会感到很痛苦。"

见闻使人开阔眼界,增长见识,正谓喜闻乐见。林清玄用他的所见所闻为我们描述了名牌之"可贵",有具体商品和价格,很详细。他不仅风趣幽默地表明了自己对待名牌商品的"消费观",而且进一步阐释了自己的"金钱观""财富观""价值观",得出了"睡得着觉、吃得下饭也是财富"这一令人"快乐"的结论。他的这段演讲见解独特,鞭辟入里,令听众获益良多,深受启迪。

演讲是与听众交流互动的一个过程,如何使自己的演讲更能打动人,强烈地吸引和征服听众,就成为演讲者所关注的问题。林清玄的"三自法则"告诉我们:"自己"是最好的演讲材料。

练习：

演讲时，能让听众感同身受很重要，所以不妨从自己身上挖掘演讲材料。给自己设定一个演讲题目，比如"希望"，尝试从自身出发，选取一段材料，加入到你的演讲稿中。

Tips：这样成为演说家

演讲如何选材

选好材料是演讲成功的保证。好的材料一般有三种：情感饱满的材料、事理突出的材料、意趣横生的材料。如果你能充分选取这三种材料，你的演讲就一定能扣人心弦，给人留下深刻印象。

1. 以情感动人的材料。"感人心者，莫先乎情。"要注意选择那些具有真情实感的材料，饱含感情，自然容易唤起听众的共鸣。

2. 以事理启人的材料。以事说理，以理服人。

3. 以趣味悦人的材料。"悦人者众，悦己者王。"要善于选取那些富于幽默、妙趣横生的材料，让人乐在其中，听而不厌。

材料是演讲的血肉，所以材料的选择和使用在演讲过程中是一个重要的环节。可以说，好的材料就是演讲成功的一半。特别是以情感动人、以事理启人，以趣味悦人的材料，必定会使演讲出彩，让人爱听！

"寓理于事法"、质朴实用

李肇星是中国公共外交学会会长、前外交部部长,非常善于演讲,而且他的演讲每每寓理于事,各种见闻趣事,信手拈来,既"接地气",让人听得津津有味,又意蕴深刻,令人深受教益和启迪。

有一次,李肇星来到上海文汇讲堂演讲,说起外交官的工作内容和工作性质,他讲道:"当外交官绝对不是说说洋文、喝喝红酒。我告诉你一个故事,在我任上,福建省的8个农民工在伊拉克被绑架,根据中央指示,我需要找一个人去营救。我立即给已经退休的前驻伊拉克大使孙必干打电话,他的阿拉伯语说得好,当地朋友又多。我在电话中说,要救这8个人回来,可能有生命危险……还没等我把话说完,孙必干就说:'我愿意去,我已经60多岁了,只要祖国一声令下,我可以立刻出发!'我现在谈起来都想流泪。营救小组穿着防弹背心，冒着生命危险，最终把8个福建同胞救了回来，这就是外交。外交不光是干杯，干杯只是为了创造一点儿谈话的机会。外交官要始终牢记：我们拥有的一切来自人民，我们所做的一切也都是为了人民。只要祖国和人民需要，我们不怕牺牲。"

外交是什么？李肇星大题巧做，不是面面俱到，没有高谈阔论，而是讲述"解救八个同胞"的故事，既热忱赞扬了孙必干等外交官心系人民、不怕牺牲、挺身而出的大无畏精神，也生动诠释了"外交"不为人知的一面，使人充分感受到了新形势下中国政府"外交为民"的执政理念。这样讲理，情真意切，具体生动，令人印象深刻。

李肇星有一次在郑州演讲时谈道："有一年我访问佛罗伦萨，我问他们的市长，佛罗伦萨什么最让你自豪。他说：'我最自豪的是芭蕾舞，是我们这里一家餐厅的男服务员发明创造的。这位服务员上菜时用脚尖走路，显得很潇洒，逐渐演变成了芭蕾舞。'我到苏格兰，问当地人，什么让他们最自豪。他们说高尔夫是他们发明的，当年苏格兰比较穷，牧羊人放的羊太多，有的羊跑得很远，怎么让它回家，就用牧羊鞭打起石块来赶羊，于是发明了高尔夫球。所以老百姓在文化方面的创造力是不容忽视的。我们一定要以民为本，尊重百姓，不要轻视贫穷，要坚持为民惠民。我特别反感一些人把县级以上的干部称作父母官。我走了世界183个国家，深刻地感觉到，这个世界上最重要的人就是老百姓，老百姓才是我们所有人的衣食父母。"

李肇星选取"芭蕾舞""高尔夫"二者起源的典型事例,不仅充分论证了"老百姓具有无穷的创造力",还升华引申,抒发感悟,告诫人们不要轻视老百姓,要视他们为"最重要的人"。一番演讲,将"民比官更重要"的道理,融入了这些外国故事之中,实在高明。演讲情意交融,有理有据,彰显百姓情怀,让人产生强烈共鸣。

有一次,李肇星在南开大学演讲时,讲起了"礼仪":"我刚进入外交部时,入部教育的第一课是学吃饭。一开始,我还有些纳闷:'吃饭还要学?'上了课才知道,吃饭是有大学问的:一、在外交场合,吃饭不能出声。二、参加外交宴请,主人给你的东西要吃完,否则会显得很没教养,对主人不礼貌,对粮食不爱惜,对厨师的劳动不尊重。三、喝酒不能超过平时的1/3,也不要强劝别人多喝;自己不会喝就别喝,可以象征性地举举杯。法国人一向以讲究礼仪著称。一次,法国总统宴请中非帝国(现中非共和国)皇帝博卡萨,服务员上了一道名菜——法国蜗牛,博卡萨拿起蜗牛就放进嘴里嚼,差点儿把牙崩掉。总统一看客人吃法不对,为了不让客人难堪,也像客人一样把蜗牛咬了咬吐了出来,其他人也像什么事也没发生一样,跟着总统这么吃起来。谈兴正浓时,博卡萨说着说着将身子偏向总统一边,不留神把总统的菜当作自己的吃了。总统便使了个眼色,其他人都跟着他把身子往左偏一偏,吃旁边一个人的菜。结果,宴会顺利进行,皇帝大悦。高端的礼宾水平上面是高端的素质水平。"

"不学礼,无以立。"李肇星通过"入部教育第一课"和"法国礼宾"的生动趣闻，不仅说明了礼仪的重要性和必要性，而且强调了礼宾的真正意义和实质在于"对人的尊重"。所以，法国总统的做法也许可笑，却反映了这个国家高端的礼宾水平和对客人的极度尊重和善待。将礼仪的重要性这样一个道理，融入一个搞笑的小故事里，可谓深入浅出，通俗易懂。听了这段演讲，令人见识大增，深受震撼，从而感召人们学礼知礼，践行礼仪。

卡耐基说过："一个真正拥有故事又善于把故事与人真诚分享的演说者，才是一个真正伟大的演讲家。"李肇星无疑就是这样伟大的演讲家。他的演讲以理说事，以事寓理，质朴纯真，深深感染着每一位听众。这种"寓理于事"的演讲艺术，值得我们好好学习品味。

练习：

很多同学因为心理素质不好，所以选择通篇背诵演讲稿，一紧张有可能情况更糟。所以在平时的练习中就要尝试记忆稿件中的关键例子或句子，尽量脱稿练习。

Tips：这样成为演说家

没有智慧的演讲等于零

有一次，著名演讲家、首都师范大学教授李燕杰做客"新浪网大讲堂"，畅谈自己的演讲精髓和心得。主持人提问："很多人都想去学演讲，但是好像学演讲又很困难，应该如何解决？"

李燕杰回答说："作为演讲来讲从哪儿开始？提高智慧是做好演讲的关键。鬼谷子说过一句话，'嘴巴是智慧的窗口'。比起西方人说'眼睛是心灵的窗口'，中国这句话真是太棒了！春秋战国时期出现了很多演说家，这些演说家的共同特点是什么呢？首先他聪明，他有智慧，没有智慧的演讲等于零。因此，学演讲应该善于提高自己的智慧。我主张读万卷书，行万里路，而且交万能朋友，还拜万能师。有人到我家来，十分惊讶地问我，怎么这么多书？我跟他开玩笑，我就知道毛主席有六万五千册，别人谁有这么多我不知道，我有三万五千册，必须学习才有学问，所以这是关键，演讲的关键不是天才，是智慧。"李燕杰教授提出的问题，值得我们深思。演讲应该充满智慧，充满智慧的演讲，才能给听众深刻的启迪，没有智慧的演讲等于零。所以说，练习演讲，就要从增加知识开始。

"倒金字塔"演讲法

海尔集团首席执行官张瑞敏和新闻界名人艾丰是老朋友了。有一次，艾丰给张瑞敏讲起了新闻写作中的"倒金字塔"法，并引用了一个故事：

一个部落的酋长决定带领族人去附近采摘，为了保证部落的安全，他派两个人到周围察看是否有危险。这两个人从东山转到北山，都没有异常。在回部落驻地的路上，两人发现两只老虎，于是跑到酋长那里报告——

请问：两人第一句话该说什么？他们这样说："老虎！两只！一大一小，正向我们走来。"

请注意顺序：老虎，先说。两只，次之。一大一小，再次之。附近没事的山头和其他过程都可忽略。如果两个人从东山说到北山，最后才说老虎，会是什么结果！

艾丰是记者出身，写新闻是基本功。新闻报道最常见的形式就是倒金字塔形，也就是先交代最基本的、最重要的事实。他引用这个故事是想告诉张瑞敏：工作中最重要的话一定要放在最前边说。很多人在汇报工作时经常从东山说到北山，就是迟迟不提老虎。很多企业开会冗长无效，也是说"山头"说得太多，迟迟不说"老虎"。

张瑞敏听了这个故事以后，深受启发。他回到公司之后就要求大家在开会讲话时，采用"倒金字塔"法——必须先说"老虎"，可以不说"山头"，结果这一方法大大提高了海尔的会议效率和工作效率。而张瑞敏更是把它运用在了自己的演讲中，经常注重使用这一方法来提高演讲的吸引力。

请看张瑞敏有一次在山东省工业调整振兴大会上所做的《如何应对金融危机，振兴工业》的演讲——

深谙"倒金字塔"法的张瑞敏，一上台便紧扣会议主题，抓住了"老虎"。他讲道：

"面对金融危机，我认为，中国企业不仅要'过冬'，还要学会'冬泳'。企业只有实现丰衣足食才能有效度过这场严寒。'食物'就是订单，'衣服'就是现金流。没有订单就等于没有'食物'，不饿死也会饿晕；有了产品却不能迅速变现，成为库存，没有现金流，等于没有"衣服"，还是要冻死。"

在演讲顺序上，张瑞敏先说"老虎"，那么什么才是"老虎"？

在金融危机的情况下，"订单"和"现金流"，对企业来说无疑是最重要的，它就犹如"食物"和"衣服"之于人一样重要，堪称人人关心的"老虎"。所以，张瑞敏的开篇一下子就抓住了与会人员的神经和关切点，吸引住了听众。

说完"老虎"之后，张瑞敏依然不忘拣紧要的说，也就是说，他要跟听众说清楚"老虎"有几只，什么样——

"那么，企业从哪里获取订单，得到现金流？办法就是服务'老外'和'老乡'。'老外'就是海外用户，'老乡'则是国内用户。具体而言，海外市场要升级，国内市场要深入。以海尔为例，针对海外用户，海尔从创牌的思路出发，坚持'出口创牌'而不仅是'出口创汇'，通过自己的客户网络持续获取订单。针对国内用户，海尔抓住"家电下乡"机遇，为农村用户提供更到位的服务……"

张瑞敏在演讲结构上，步步按照"倒金字塔"法的顺序，在开宗明要义后，他又向与会听众具体说明了"海外市场要升级，国内市场要深入"的发展思路，而对于无关紧要的内容，他没有详加叙说，而是一语带过。这使得张瑞敏的整个演讲主题突出，脉络清晰，详略得当，让人颇有收获，因此博得了与会人员的热烈掌声。

可见，"倒金字塔"法不失为演讲的一种好方法。在今后的演讲中，我们不妨一试。

练习：

学会给自己的演讲划定范围。5分钟以内的演讲，分为一两点即可，30分钟左右的演讲也不要超过五个点，不然容易造成演讲时间过长，内容不够集中。

Tips：这样成为演说家

如何让你的讲话有条理

言语交际中，讲话最基本的一个要求是"有条理，说得清"。其实，有一个"条理公式"，可以让你的话语充满条理性。

第一步是"点题"：就是直接点明话题，进入谈话主题。比如，"我要讲四点"，开门见山，直接入题。

第二步是"条理"：就是将主要内容列出条理，并用次序加重点的形式形成标题作为引导。比如"第一……第四"，这种方式就好像运动会开幕式的运动员入场，每一个代表队的前面都由一位礼仪小姐举着牌子来引导，很容易让人识别记忆，印象深刻。

第三步是"归纳"：归纳最重要的是把标题重复一遍，进而概括总结。讲完话之后，最后对观点进行归纳的最大好处在于可以让听众加深印象，铭记在心。

只要同学们善于运用这个"条理公式"，就一定能使你的谈话条理清晰，逻辑严密，口才令人刮目相看。

黄朝扬的"一字立骨演讲法"

台湾亿万富翁、钰泰集团总裁黄朝扬不仅生意做得好,还非常喜爱演讲。有一次,他与著名作家林清玄聊天,林清玄跟他详细谈了散文创作中常用的一种技法——"一字立骨"法。

所谓"骨",即一篇文章之"本",也可称为文章的"主心骨",或文章的主题、主线。所谓"一字立骨"法,就是作者在文章的艺术构思过程中,把自己的见闻、感受做高度的概括,浓缩提炼为一个字(实际多为词语或短语),并以这个"字"作为全文的主旨,作为立意的根本、行文的线索,统摄整篇文章的结构。

黄朝扬听了这个"一字立骨"法以后,深受启发:技巧都是相通的,演讲和写文章一样,都可以"一字立骨"。从此,他有意识地将这一方法运用在自己的演讲中。请看他在"学习型中国——世纪成功论坛"上的演讲——

深谙"一字立骨"法的黄朝扬,一上台便紧扣演讲主题,以一个关键词"心想事成"立起了"骨"。他讲道:

"今天我要跟大家分享的一个成功秘诀是——'心想事成'。什么叫作'心想事成'?这并不是提倡空想,而是说,一个人有了热切的目标,或者积极的想法,坚信能够实现,并付诸努力,往往可以创造奇迹。"

在"立骨"上,黄朝扬开门见山,道出了自己的四字成功秘诀"心想事成",进而对其做出解释,不仅一下子抓住了听众的兴趣和关切点,吸引住了听众,而且一开篇就使得演讲的主题得到了鲜明的表现。

"立骨"之后,黄朝扬继续不忘"心想事成"这四个关键字——

"有一个小孩子看到天上的月亮,月亮好美丽,说有一天我也想到月亮上面去,这个人后来经过奋斗,成为第一个登陆月球的人,他的名字叫阿姆斯特朗。为什么?可以用四个字来说明,'心想事成'。

"中国第一个皇帝是秦始皇,秦始皇创立秦朝之后,他出巡的时候,车队浩浩荡荡,这时候人群里有一个旁观者说,大丈夫就该这样。他是谁?刘邦。在人群中还有一个人,他说我可以取代他。这个人是谁?项羽。后来的历史风起云涌,主角就是刘邦和项羽,他们一番鏖战,推翻了秦王朝。这也是典型的'心想事成'。"

黄朝扬在演讲结构上,步步紧扣立下的"骨",以"骨"作为演讲的线索，在开宗明义后，他又以"阿姆斯特朗""刘邦和项羽"的事例来论证成功起自"心想事成"，从而极大地增强了演讲的说服力。接着，他又讲道——

"各位朋友，您心中在想什么？要知道，一个人成就的高低，跟他的思想格局大小成正比。沙漠里有两种鸟，一种是兀鹰，一种是蜂鸟。兀鹰在天上飞是寻找哪里有腐烂的尸体，蜂鸟在天上飞是寻找哪里有漂亮的花朵。世界上的人可以分为两种，第一种认为凡事皆有可能，这样的人是正面的、积极的、乐观的。另外一种是负面的、消极的、悲观的，认为好事不会发生在他身上，这样的人我们称他为兀鹰，把正面积极的人称为蜂鸟。

"要心想事成，你脑子里面有负面思想也会'事成'吗？也会，但很难。世界上很多成功人士，无一不是'蜂鸟'，他们都是正面、积极、乐观地思考。

"我在这里跟大家分享每天的五个想法。第一个想法是，每天早上起来要对着镜子说'今天是美好的一天，充满了热情、财富、力量'。第二个想法是，'人生真美好'，人生美不美好？太美好了，你觉得人生美好的时候，判断一切都是美好的。第三个想法是，'我喜欢我自己'。第四个想法是，'我相信我自己'。第五个想法是，'我一定做得到'……只要你一直有着正面的、积极的、乐观的思想，你就一定能'心想事成'！"（热烈的掌声）

黄朝扬自始至终在"炼意立骨"，在解释了"什么叫心想事成"，并举出了"心想事成"的案例后,他又层层深入,告诉大家"如何做到心想事成"。他先是以"兀鹰"和"蜂鸟"来比喻世界上持有"负面思维"和"正面思维"的两种人,形象地说明了"要想心想事成,就要正面、积极、乐观地思考"的道理,进而和听众分享了自己"每天五思"的积极做法,不仅给人以深深的启迪,而且使得演讲一气呵成,脉络清晰,主题鲜明,结构精美,给听众留下深刻印象。

由上可见,"一字立骨"法,可以使演讲立意新颖,主题突出,精粹深刻,意蕴丰厚,取得打动人心的效果。我们何妨一试呢?

练习:

演讲之前,应该做好充分的准备。准备就是思考、回忆及选择最能吸引你注意的事情,然后加以修饰,最后尝试把演讲的思路捋清楚,并写下演讲稿。

Tips:这样成为演说家

如何让你的说服演讲言之有序

有一种说服型演讲,演讲人的目标是说服听众,促进他们立刻行动,以响应演讲者的号召。但是,同学们可能意识到,在所有演讲中,说服是最复杂和最难的一种,尤其是要组织立即唤起听众行动的说服型演讲,更是难上加难。不过,美国伯都大学的演讲学教授阿兰·门罗给我们提供了一种方法,叫作"门罗促动顺序",如果我们能很好地掌握、运用这种方法,就能做好你的说服演讲,取得良好的演讲效果。"门罗促动顺序"的具体方法是:

步骤一、关键词:捕捉注意力

步骤二、关键词:表达需求

步骤三、关键词:方案满足

步骤四、关键词:形象描绘

步骤五、关键词:召唤行动

这个组织顺序之所以能增强说服力、获得极好的演讲效果,就在于它层次分明、脉络清晰,显示人们思考的过程,并一步一步地引导听众,使其完成你所希望的行动。这个方法尤其适用于说服性和鼓动性的演讲,我们在实践中不妨一试。

"浅入深出"浅引入深表意

毕淑敏善于"浅"入"深"出地演讲。"浅入"是指导入要浅显,用实际生活中的例子或者创设"简单"情境来引入演讲,"深出"是指能够上升到一定高度的认识,归纳和揭示出具有本质性和规律性的深刻道理,使得演讲更有深度。

妙以"寓言故事"浅入,深层表意

在《为生命制订一个意义》的演讲中,毕淑敏讲道:"美国前副总统戈尔家有一条小狗。戈尔想请一位驯狗师把小狗训练一下。驯狗师说:'先说一下你家的狗有什么目标?'戈尔被问傻了:'狗就是狗啊,还能有什么目标?'驯狗师说:'你把狗抱回去吧,我不能训练一条没有目标的狗。'戈尔回家和太太讨论了一晚上,总算给狗确立了两大目标:一是做孩子的好玩伴;二是看家护院。驯狗师听后，就收下了那小狗。一段时间之后，戈尔把训练有素的狗带回了家。果然，这条有目标并受过训的狗恪守职责：白天陪着孩子们玩耍，晚上看家护院。做一条狗都要有目标，何况人？所以我们必须为自己的人生制订目标，也就是明白自己到底想要什么，并坚韧不拔地朝它努力。"

演讲中，通俗易懂、浅显直白的寓言故事，往往大家都爱听，并能深受启发。毕淑敏这里用了一个"寓物于人"的小故事，讲述一个训狗师是如何成功训练好一条有目标的狗的，进而寓理于事，夹叙夹议，情理兼容，从而把"树立人生目标"这样一个大主题讲得深刻有趣、通晓明畅，令人过耳不忘，深受教益和启迪。

巧从"参照物"浅入，深化主旨

毕淑敏在《珍惜时间》的演讲中讲道："珍惜时间就是珍惜生命。要想充分领悟时间之宝贵，就需把参照物放大。你如果想把握光年的长度，请看银河；你如果想把握沧海桑田的长度，请看化石；你如果想把握一生的长度，请看墓园；你如果想把握一年的长度，请看麦田；你如果想把握一个月的长度，请看婴孩；你如果想把握一天的长度，请看潮起潮落；你如果想把握一个小时的长度，请看抢救心脏；你如果想把握一分钟的长度，请看上班族的打卡；你如果想把握一秒钟的长度，请看神舟飞船升天；你如果想把握一毫秒的长度，请看奥运百米争冠；你如果想把握自己一生的长度，请珍惜眼前无数个瞬间。"

演讲中，为了易于听众理解某些抽象的概念和事物，不妨选取浅显的"参照物"来帮听众领悟。毕淑敏为了说明时间之宝贵，连用"银河""墓园""麦田"等 10 个"参照物"，通过恢宏排比的陈述，将"光年""一生"乃至"一毫秒"的时间价值呈现出来，从而举重若轻地将"惜时如金"的成功奥秘娓娓道来，不仅使得演讲的主旨清晰明确，而且令人加强对时间的看重和珍惜，最大限度地实现人生的意义和价值。

善用"自己的故事"浅入，深明情理

在《别让人生留下遗憾》的演讲中，毕淑敏讲道："17 岁那年的冬天，我身背 70 斤的重负要爬 60 千米高的雪山，午饭由于自己不小心，都扣在了牛粪上，又饿又累的我两腿沉重如铅，头晕眼花，我想干脆死了算了。走到一个悬崖，我正想跳下去，突然发现身后的战友离我太近了，一定会把他也带到悬崖之下，我想死，可是不应该拖累别人。一瞬间，我丧失了自杀的'良机'。最后竟然坚持着走了出来。那一天给我特别深刻的教育就是，人生会有各式各样的苦难，也会留下很多很多的遗憾。那么最大的遗憾，就是断然结束自己的生命，我想这是对生命的大不敬。只要生命还在，只要坚持，就会迎来新的转机和新的幸福。"

演讲中，听众不仅看你是怎么说的，也要看你是怎么做的。毕淑敏为了阐释"不留遗憾"的人生道理，选取自己藏在内心多年的秘密——"曾想自杀"的悲情故事，不仅流露出自己青春年代所遭

遇的苦难和一瞬间的"力挽狂澜",避免了人生最大的遗憾,而且由衷地抒发了"生命诚可贵""山重水复疑无路,柳暗花明又一村"的思想感情及蕴含的人生哲理,让人大彻大悟,深受感染,陡增百折不挠、不轻易言弃的勇气,书写不留遗憾的光明人生。

很多人喜欢听毕淑敏的演讲,不仅觉得很有意义,妙趣横生,发人深思,而且能领略她驾驭演讲的浅入深出、四两拨千斤的特色和风格。毕淑敏的演讲之道,值得我们学习、效法。

练习：

在写演讲稿的时候，尝试多使用描述和例证，并把名人的事例加进你的稿件，指名道姓的演讲素材能使演讲具体化。

Tips：这样成为演说家

让演讲句子亮起来的三种方法

演讲是由一句又一句话构成的，要想让演讲出彩，必须先让句子出彩。大家可以尝试以下三种方法，让你的演讲句子变得与众不同，熠熠生辉。

1. 讲究句意：句子是用来表情达意的，所以一定要讲究句意的深远，讲究句意的精辟到位，不臃肿累赘。请看刘墉在《方向》中的演讲："成熟的人，不问过去；聪明的人，不问现在；豁达的人，不问未来。你可以一辈子不登山，但你心中一定要有座山。它使你总往高处爬，它使你总有个奋斗的方向，它使你任何一刻抬起头，都能看到自己的希望。"刘墉的一段演讲，句意精练，闪耀着哲理的光芒。

2. 引经据典：引用名言佳句，特别是一些贴近主题的名句，点缀在演讲之中，就可以使演讲得到升华。请看张强在《感谢生活》中的演讲："少年不识愁滋味，为赋新词强说愁。我们登山，我们吟诵'一行白鹭上青天''春秋多佳日，登高赋新诗'；我们下水，我们吟诵'漫江碧透，百舸争流'，也来点儿'逝者如斯夫'的感慨；我们观察星空，信手拈来'天街夜色凉如水，卧看牵牛织女星'；我们三五结伴踏青郊游，'书生意气，挥斥方遒，指点江山，激扬文字'。"在演讲中，如果能恰到好处地旁征博引，不仅可以丰富语句，而且可以使句子活力大增，演讲传神。

  3. 庄谐并用：庄谐并用是一种很重要的让句子出彩的方法，它能让语句幽默，理趣横生。请看李飞在《踏实走好人生路》中的演讲："喜鹊仰望苍穹，叽叽喳喳着说开了：'我说鹰老兄，现在做什么都要实事求是，你怎么总是好高骛远？小心，希望越大，失望越大，你老兄可得实际点儿啊！'苍鹰扇动了一下它矫健的翅膀，说道：'怎么，你说我不实际？我展翅高飞，翱翔万里，一览天下，你喜鹊妹子能享受到吗？'"演讲时庄谐并用，给演讲一下子增添活泼而又含蓄之美，怎能不吸引人呢？

"八卦"演讲为什么能大放异彩

有一次,有着"打工皇帝"之称的"中国第一职业经理人"、现任港澳资讯董事长兼CEO的唐骏应邀来到厦门大学演讲,他要向师生们传授心经,畅谈成功之道。一张底稿都没拿的他,一靠近麦克风,就对台下围得水泄不通、引颈倾听的学子们开了腔:

"我是从剧组赶过来的,我现在正在拍电视连续剧《办公室的春天》,我可是剧里的男二号!你们一定很奇怪,为什么会找到我?剧组想找一位总裁本色出演,他们查过'中国十大帅哥总裁排行榜',里面有我,就把我给请过去了。很多人说我这长相为什么能评上'十大帅哥总裁',当然,我要是说我帅,那就是对不起同学们。但,要看和我一起PK的都是谁,这里面有马云、史玉柱等,你说我们这些人站在台上还需要评吗?马云有句名言很经典,叫'男人的智慧和长相是成反比的',我觉得这句话太适合他了!意思你们都懂的!"台下爆出一片笑声。

没想到,"打工皇帝"唐骏如今当起了影视演员,还是"男二号"。唐骏一开场,就用八卦的方式和语言向大家报告了自己的新情况,不仅以"十大帅哥总裁"深深自恋,还拿马云和史玉柱"开涮",他的"娱乐八卦"开场白,谐趣横生,令人忍俊不禁,一下子活跃了全场气氛,瞬间拉近了与同学们的心理距离。

接下来的唐骏更是八卦范儿十足,他说:"我特别喜欢八卦的故事,我不讲都不行,中国商界比我八卦的不多,好在我八卦是很靠谱的八卦。"又是一阵笑声和掌声。他继续讲道:

"上大学时,我也是非常普通的学生,普通到连自己都感动。要说在我读大学的那个年代,除了异性之外,可追求的东西还真不多。而就在这唯一的一点追求上,我也打败了其他男生,成功了。当时班上女生稀缺,我很清楚就长成我这样的,基本上不用考虑本班的战场,没有我的立足之地,我就把目标对准了其他院系的女生。可是,我能做什么呢?我什么都做不了,最后想出了一招:写信。第一封我写了身高、体重、户籍,父母是干什么的,家有几个兄弟。今天看来,这更像一封简历,但她没有给我'面试'的机会。很快,我又写了第二封信,为了展现自己的才华,我介绍了一下国内国际经济形势,还介绍自己未来会怎么做,结果还是没回音。后来,我写了第三封信,开始来真的了,说:'我只要求你让我默默地喜欢你就好了。'我还说'现在的唐骏可能没有实力,但是给我10年时间,我一定会与众不同!'你知道那时的女生多纯真啊!三封信就感动了她,她回信给我,我就约她看电影。看完电影之后,我们散步,我对她说:'要不你嫁给我吧。'她很惊讶地说:'唐骏你是认真的?'得到我非常肯定的答案后,她就羞涩地对我说:'好,我嫁给你。'就这样,我仅仅用三封信,给了她一点儿梦想,就讨回了老婆,而且是'全校50大美女之一',50大美女还是有含金量的,而后我们一起走到了现在,她就成了陪我度过29个年头的那个人。其实大学毕业找工作,就像谈恋爱,不要把问题想得过于复杂,而是应该明确地告诉企业:你就是我需要的,同时做出坚持不懈的努力。"全场不停地响起笑声和掌声。

唐骏作为著名成功人士,谈起自己的成功之道,没有叱咤风云地高谈阔论,说一些泛滥成灾的所谓的大道理,而是讲起了自己的"八卦恋爱史"——三封信娶回校花当老婆。他的讲述不仅详细生动,言之凿凿,极具娱乐性、趣味性,而且充满寓意,富有启迪性,旨在告诉同学们"将来如何求职",找工作就跟谈恋爱一样,"知彼知己,百战不已",只要你勇于表白告白,坚持执着,就一定能成功。想必这样的讲道理方式,同学们一定会印象深刻,更容易接受。

唐骏继续演讲,没想到他还有"超级八卦"的事。现场,唐骏走近前排的大学生,眨巴眨巴眼睛,请他们仔细看看"是不是很双很双很漂亮的双眼皮",进而讲道:

"你觉得我是做过手术的人吗?手术做不出来我这样的双眼皮,我是自然的双眼皮,我的双眼皮是自己用手拉出来的!我原是非常非常纯的单眼皮,那时候眼睛很小,不知从什么时候起,双眼皮才是符合审美的。我就琢磨,单眼皮和双眼皮有什么差别?双眼皮的基本特征就是比单眼皮要长一点儿,对不对?然后,眼皮长了,打一个褶回来不就是双眼皮吗?然后,有一段时间,我就开始了锲而不舍的'手动自助拉眼皮'工作。这个简单的方法,可以叫作'无痛构造双眼皮法',非常实用,更重要的是培养人的毅力。现在人人羡慕成功,我对成功的定义就是,那些改变了自己、不断超越自己的人就是一个成功人士。每个人都有成功的机会,没有什么是不能改变的。永远不要说不可能!谢谢!"全场响起经久不息的掌声。

唐骏自爆"双眼皮是用手拉出来的",真可谓八卦奇闻、天下趣事!唐骏拿它与同学们分享,不仅仅是引人猎奇,博取一惊一笑,而且有着自己的演讲意图,他是在以小见大、由浅入深、寓理于事,来阐释"没有什么不可以改变"以及"如何改变自己"的深刻道理。

唐骏的这场演讲,用亲身经历的一些"八卦""奇葩"事,不仅让人捧腹,牢牢抓住了听者的兴趣,又引人思考。

朋友们,"八卦"这种幽默简短、能够令人发笑的事情,每个人的生活中都有很多很多。如果我们能够像唐骏这样,把它作为演讲材料,巧妙运用在自己的演讲中,就可以产生化"腐朽"为"神奇"的效果,不仅洋溢着美妙的情趣,而且更能打动人心。

练习：

让你的嘴部更多地活动起来，尝试讲话的时候尽量放慢语速，充分利用口腔前部发音。

 Tips：这样成为演说家

如何使演讲口语化

演讲是一种用口头语言进行交流的活动，因此，使用口语是演讲语言的一个基本特点。只有使用口语，才更适合于面对面进行交流的这种特殊语境。具体要做到：

1. 多用通俗易懂的词语，尽量不用华丽的辞藻。比如，在一个文化交流活动现场，台上一位演讲者的话华而不实。汪曾祺有点儿受不住了。演讲者说："今天丽日高照，惠风和畅。"汪曾祺立即说："请改成今天天气不错。"演讲者说："在场莘莘学子，一代俊彦。"汪曾祺立即说："请改成在场学生们也挺好。"余秋雨在旁边禁不住说道："您改得太好了！演讲语汇还是要平民化一点儿好，容易拉近与听众的距离。"

2. 多用一些接地气的、朴素的、生活化的词语。比如，马云在"马云乡村教师奖颁奖典礼"上演讲道："影响我的老师很多，我从小很淘，有出息的孩子基本上是淘的。关键在于老师怎么去发现、欣赏、引导他，把他心中好的东西点燃出来。其实我的英语真的不太好，我的英语老师给我的信心是说马云你的发音比我都好，就这么一句话，让我对英语产生了非常浓厚的兴趣。我的化学不好，就是因为化学老师怎么看我都是不顺眼的，淘的孩子，越不喜欢，他越跟你来劲儿，公司也一样。其实枪毙一个人很容易，把一个人关进监狱很容易，把一个人废了太容易，但是把一个人变得不一样，这是多么难的事。老师的职责就是把一个人变得好、变得不一样、变得拥有正能量,这是老师最大的职责。"马云的演讲一点儿也没有高大上的词语,所用语汇非常朴素,像"淘""不顺眼""来劲儿""废了"等词汇,不仅让人听着顺耳,有亲近感和现实感,而且通过自己的现身说法把"老师最大的职责"讲得深刻透彻,令人领悟到了教书育人的真谛。

3. 很多人习惯在演讲前先写演讲稿,而在写稿时又往往像通常写文章那样,使用书面语言,不注意口语化。其结果,写出来的演讲稿看的话还可以,甚至很有文采,但讲起来却不那么顺嘴,或者句子太长,讲得很拗口,或者词汇太雅,显得文绉绉的,听起来很别扭。所以,演讲时,还应特别注意书面语向口语的转变。

自己的「糗事」也能为演讲增彩

"上小学时我数学经常考两三分,加法马马虎虎,减法迷迷糊糊,乘法稀里糊涂,除法一窍不通,甚至连 29÷7 都算不出来。父亲叫我'笨蛋'。后来,有小伙伴告诉我,考试的时候东看看西看看,及格很容易。"(全场笑)

这是谁在自暴糗事呢?这是中国科学院院士、原华中理工大学校长杨叔子在武汉第 68 中学为数百名高中生做的《踏平坎坷,成人成才》演讲。请听他接下来的演讲:

"当时,我一听就急了。孔夫子讲'非礼勿视,非礼勿听,非礼勿言,非礼勿动',同学们,偷偷瞅别人的卷子就是'非礼'!'非礼'就是小人,我要做君子,不能干这种事情。作业不会,也不抄别人的。不懂就问,一定要自己想明白。从小学到大学,我就算成绩再差,也从不抄人家的作业。后来进行专业研究，我的所有课题也是亲力亲为。所以，中学生做作业，做任何事情，都不要偷懒，一定要扎扎实实做好。"（热烈的掌声）

真是把"腐朽"化为"神奇"的演讲！这里，杨叔子院士把他小时候"数学极差"的糗事用作演讲材料，不仅妙趣横生、引人入胜，而且借其联想到孔子"非礼勿视"的话，引申其义，形象地将抄作业说成是"非礼"，进而忠告同学不做"小人"要做"君子"，要扎扎实实去学习和做事。想必同学们听了这样幽默风趣的演讲，一定会记忆深刻。

我们再来看看被称为"中国青年导师"的李开复是怎样在演讲中运用"糗事"，化"腐朽"为"神奇"的。有一次，李开复来到浙江大学，为上千名青年学子做了一场《成长中的十大领悟》的演讲。讲到"大胆假设，小心求证"的科学精神时，他说：

"我小时候很顽皮，喜欢胡思乱想，上课时话也特别多。有一次，竟然被忍无可忍的老师用胶带贴住了嘴。（全场笑）那时候邻居有个池塘，小伙伴说里面有100条鱼，但我认为没有100条。鱼儿在池塘里游来游去，怎么也数不过来，所以他们不知道到底有没有100条鱼。为了求证鱼的数量，我想了一个'高招'，把池塘的水放干，然后一条一条数。结果证明我是对的，池塘里没有100条鱼，但我们再把水放回池塘的时候，鱼已经死了一半。（全场大笑，鼓掌）想必同学们做了这样的事情，你的妈妈一定会暴跳如雷，痛打你一顿。

但我的妈妈很包容,她不但没有责备我,反而露出一丝得意的微笑,这导致了我后来的自信。(笑声和热烈的掌声)可见,'大胆假设,小心求证'这八个字早在我童年的身上体现。同学们要想成才成功,就要有很好的灵感去创新,善于奇思妙想和进行新的创造。"(热烈的掌声)

李开复讲"大胆假设,小心求证"的科学精神,没有长篇大论,更没有晦涩的语言,而是挖掘自己童年学习生活中的"糗事",通过"胶带贴嘴"和"放水数鱼"这两件惹人发笑的事情,不仅使得自己的演讲十分有趣,生动活泼,而且通俗地说明了自己的成功来源于"大胆假设,小心求证"这种善于奇思妙想的创新精神,让人听了颇受启发,这种演讲技巧值得模仿和学习。

央视著名主持人王小丫也是一个善于化"腐朽"为"神奇"的演讲者。一次,她来到某中学,与同学们分享她"成长的故事",她演讲道:"刚做主持人时,我特别害怕看自己的图像,我不敢看是因为我觉得自己不好,特别不自信,样子也不好,我觉得看什么都别扭。那时候,我还常常因为乡音难改被扣钱,有一个词叫'英雄',一开始我还分不清'英'是前鼻音还是后鼻音,我就专程打电话去问朋友,后来,我就随身带着一本新华字典,因为说错一个字要扣200块钱,有一个月最高被罚了700块钱。当然,我现在已经很少被罚了。(全场笑)所以,我想告诉同学们,没有谁能随随便便成功,只要你抓紧学习,提高素质,不断完善自己,就一定能更加自信,

赢得成功。"（热烈的掌声）

王小丫的演讲同样充满真诚，她也不吝自暴当初不自信、说错字被罚钱的糗事，通过她自嘲般的讲述，不仅让同学们更加了解她的成长经历，也使同学们懂得了"没有谁能随随便便成功"的深刻道理。

糗事通常幽默简短、能够令人发笑，每个人的生活中都有很多很多。如果我们能够把一些糗事作为演讲材料，巧妙运用在自己的演讲中，感悟升华，就可以产生化"腐朽"为"神奇"的效果，不仅洋溢着美妙的情趣，而且更能打动人心。

练习:

尝试在演讲中插入对话,能使演讲更具戏剧性。修改你的演讲稿,在其中插入对话,在讲的时候,尽量模仿对话原来的语气和口吻,会为你的演讲增添不少趣味。

Tips:这样成为演说家

如何把握好演讲语速

1. 该快则快,该慢则慢,切忌"平稳推进,不紧不慢"。一个语速讲下去,通篇一个"味",没有抑扬顿挫,没有任何特色,难以打动听众。正确的做法是,根据演讲的主题内容和要点,以及情感的变化,在注重语气的同时,注意语速的变化,该快的则快,该慢的则慢,声情并茂,跌宕起伏,方能打动人心。

2. 克服紧张情绪,切忌语速太快。初次上场或经验不足的演讲者,容易犯的错误是速度太快,像放鞭炮似的噼里啪啦,都不给自己留喘气的机会,恨不得快点儿讲完快点儿下台。讲得越快,听众越难以听懂,无法跟上思路,演讲的效果就大打折扣,还容易使人产生怀疑,误认为演讲者怯场。因为,人们胆怯时往往语速较快。

3. 语速一般可分为快、中、慢三种。正式演讲中,快速应在每分钟 200 字左右,中速应在每分钟 150 字左右,慢速应在每分钟 100 字左右。如果想知道自己说话有多快,可以自己计时算一下。为了更好地把握语速,平时就要多演练,从而使自己以更加自信、从容、良好的状态完成演讲。

"问答式"演讲,互动起来气氛佳

具有"当代美猴王"之称的六小龄童,可谓家喻户晓、名震中外。为了使自己的演讲更加生动活泼,更贴近青年学生,他选择了"问答式"演讲,即主要通过"一问一答"的方式,与大学生们进行互动交流,并在这种互动交流中将自己领悟到的"西游文化""猴王精神"表达出来,给人以深刻的启示。请看他在某大学主题为"弘扬西游文化,振兴猴王精神"的"问答式"演讲——

一开场,六小龄童就鼓励同学们毫无忌讳地提问,他说:"同学们可能都是看着《西游记》长大的,因此我就先不多讲'孙悟空'了。我更喜欢问答交流的演讲方式,同学们有什么问题,可以尽管提出来,你们问得精彩,我会回答得更精彩!"

六小龄童的开场白,开宗明义,他首先将自己所要采用的"问答"

演讲方式告诉同学们，说明自己喜欢这样的交流形式，愿意接受提问，并充满自信地鼓励大家提问。这样，不仅一下子拉近了他和同学们交流的距离，而且可以及早提醒大家做好提问准备，有利于调动他们提问的兴趣和积极性。

果然，在六小龄童的鼓励下，现场气氛顿时变得热烈起来，同学们争抢话筒，踊跃提问。

同学Ａ率先得到了提问机会，他向六小龄童问道："正如您刚才说的，我从小就看《西游记》，现在长大了，依然喜欢孙悟空。现在除了您扮演的那个经典'美猴王'，还有周星驰版的、张卫健版的，日本也有很多版，据说斯皮尔博格也要拍电影版的《西游记》，对此您认为怎么来定位这个'美猴王'呢？"

六小龄童在仔细地听完这个同学的问题之后，面向现场全体师生回答道："近年来对《西游记》的翻拍确实很多，但大多数的《西游记》都是戏说版本。比如日本电影《西游记》引起了不少观众的不满。片中，孙悟空被描述成一个神经质超人，还穿上短裙，又会发电波，又会发激光。这是对孙悟空的'误解'。对于戏说孙悟空的，我不对他的演技做评价，但无法接受对《西游记》的乱编。孙悟空的定位，应该是一个神话英雄，有一种乐观向上、拼搏进取、不屈不挠的'猴王精神'。"

采用"问答式"演讲，在听众提问期间，演讲人尽量要看着提问人，直视着对方的眼睛，而不要向会场四处看，专心地听提问人提出的问题。如果不仔细听清楚提问，那就很难把问题回答好。在听众提完问题之后，演讲人还应该对着全体听众回答问题。有时候你可以跟提问的人对一下眼光，但主要还是要对着作为听众的全体与会者。这会引起所有听众的注意。如果你只对着提问人回答问题，那么别的大部分听众可能就会走神，对你的演讲漠不关心。六小龄童非常注意这些细节，每有同学提问，他总是微笑着看着对方，用眼神传达自己正在认真倾听，然后再对着全体同学回答问题，因而，他的演讲极具互动性、吸引力和感染力。

一个接一个的问题，学生问得精彩，六小龄童的回答更精彩，场内掌声经久不息。在"问答式"演讲中，演讲人还要用积极的态度对待提问。对于听众的问题，都应该自始至终表现出极高的兴致，积极阐述自己的观点。即使有人提出较为"尖锐"的问题，也应该保持冷静，避免发脾气，不要用嘲笑和挖苦的语气回答问题，也不要与听众争论。只有这样，演讲人才能得到听众的尊敬。

通过六小龄童的"问答式"演讲，我们可以发现，"问答式"演讲也是一种重要的演讲方法，同样会使演讲效果更精彩，更能发挥出演讲的力量。在具体运用中，我们应向六小龄童学习，注意做好四件事情：一是在演讲的开场说明提问的方式，并积极鼓励听众提问；二是听众提问期间，自己要仔细地听；三是听完问题之后，要对着全体听众回答问题；四是用积极的态度对待提问。只有这样，才能使你的"问答式"演讲顺利进行，保证现场演讲效果。

练习：

演讲时，与听众融为一体是很重要的。我们在平时练习时就要注意措辞，如：尽量把"你们"换成"我们"。这样一来，"想必你们都想知道答案"就会变成"想必我们都想知道答案"，使听众们注意力集中又感到亲切。

Tips：这样成为演说家

如何在演讲期间适应听众需求

1. 注意听众人数。现场即将演讲时，你突然发现听众很少，完全低于了你的预期，那么你就要调整一下自己的演讲方式。人数少了，就尽量免于太过正式的演讲，不妨多用聊天式、谈心式的语气娓娓道来，让听众更感亲切。尤其需要注意的是，不能因为听众少而怠慢演讲。例如，马云当初受邀到德国演讲，在可以容纳两三千人的现场，结果包括马云在内只有两个人，马云就和这个听众一问一答，边讲边聊，谈心似的把演讲顺利完成了。

2. 注意演讲时间。临上场前你突然被告知，分配给你的演讲时间削减了，这时，你不要想着提高演讲速度。你应该浓缩演讲内容，只留下精华和重点部分，用可以掌握的时间把演讲顺利地完成。例如，奥巴马有一年夏天在柏林露天演讲，因为天气炎热，听众有人晕倒，他不得不缩短演讲。然后，他极其精简地发表了10分钟的演讲。听众最后反而十分同情他的窘境，并欣赏他为听众着想的品格。

「四步曲」奏响你的即兴演讲

美国著名演讲专家理查德总结即兴演讲的步骤,有四步曲,分别是:一、喂,喂!二、为什么要听我讲?三、举例。四、怎么办?这里,请看著名企业家叶国富是怎样在即兴演讲中奏好这四步曲的。有一次,他带着参加商界传媒企业家高校行活动的巨大热情,来到上海同济大学,与600多名学子见面,并做了《揪出偷走你人生梦想的四大'凶手'》的即兴演讲。

第一步,"喂,喂!"

"同学们!很多人都有人生梦想,但往往只有少部分人实现了梦想。究其原因,发现自己的梦想竟被人偷走了。那么到底是哪些人偷走了你的人生梦想?"(全场同学瞪大眼睛在专心倾听)

第一步,"喂,喂!"意思是说即兴演讲必须首先唤起听众的兴趣。叶国富在开始演讲时，并不是平铺直叙地说："今天，我和大家谈一下'人生梦想'的问题……"而是先从很多人没有实现梦想的原因说起，一个"偷"字，语惊四座，其中真相令人期待，并加一句设问："是哪些人偷走了你的人生梦想？"更令人思索。叶国富这样设计开场白，具有一种先声夺人的气势，同时也激起了听众的好奇心，使大家很想知道问题的答案，看看演讲者的葫芦里究竟卖的是什么药，这样就自然而然地抓住了听众的注意力。

第二步，"为什么要听我讲？"

"有梦想一切都有可能。7岁至18岁是一个人最有梦想的时段，也是梦想最容易被偷走的时候。家长、老师、好朋友、生活的另一半，这四类人都是偷走你梦想的人。"（同学们简直不敢相信自己的耳朵）

第二步，"为什么要听我讲？"意思是说接下来，演讲者应向听众讲明为何应当听你演讲，也就是演讲的必要性。叶国富为什么要与同学们谈"梦想"这个话题？是因为"有梦想一切都有可能"，他的这一句话不仅说明了梦想对于成功的重要性，而且很好地切入了演讲的主题。同时，以"7岁至18岁"这样一个"最有梦想，梦想也最容易被偷走"的时间段，一下子把听讲者联系进来，使他们感受到演讲主题与自己密切相关，不由得成了演讲者的"俘虏"，所以，当叶国富把"偷走梦想的四类人"抛出之后，同学们自然会聚精会神地、急切地想倾听下去。

第三步,"举例"

"我小时候有一个梦想,我说我想当科学家,父母毫不留情地说道:'算了吧,你不是那块料。'因为家长这句话,我从小的一个梦想就此消失。而在我记忆中永不磨灭的一件事,则是老师偷走了我当歌手的梦。刚上小学一年级那会儿,我去参加学校合唱团,可就在试唱期间,我被老师揪了出来,他告诉我说:'你五音不全,为了凑数,你就只能张嘴而不能发声。'从此,我再也不去唱歌,再也不做当歌手的梦,因为老师的打击,让我彻底失去了这个梦想。"
(叶国富的解释让在场同学心服口服,大家频频点头)

第三步"举例",意思是演讲者若能用活生生的事例来说明自己的观点,效果远比干巴巴的论述要好得多。在演讲中,叶国富以自己的亲身经历,举出了"科学家的梦想"和"歌手的梦想"被磨灭的两个实例,生动形象、雄辩有力地佐证了"家长、老师等是偷走你梦想的人"的观点,不仅让人深有同感,心服口服,也让演讲的主题更加鲜明深刻、意蕴无穷。

第四步,"怎么办?"

"成功的人总能一直坚守自己那份梦想,在追求梦想的道路上即使遇到了困难和干扰,他也会毫不气馁,无所畏惧地奋勇向前。虽然我小时候的两个梦想没有实现,但后来我又有了新的梦想。我中专毕业后,到一家钢管工厂做杂工,经过一番奋力打拼,变成了如今拥有 2000 多家店铺和 12 亿年销售额的企业老板。一路走来,我承受了太多常人难以承受的痛苦，荆棘坎坷、汗水泪水，但这些始终没有侵蚀掉我内心深处的梦想——30岁之前拥有属于自己的奔驰轿车。所以，我要说，要成功，首先需要我们死死守着自己的梦想，遇到困难和各种干扰，也不退缩，不放弃，否则，梦想只能永远是梦想。"（全场爆发出热烈的掌声）

第四步，"怎么办？"意思是演讲者一定要告诉听众你谈了半天是想让大家做什么，要讲得具体而实际。从根本上说，"怎么办"是演讲的目的所在，如果演讲者忘记了这一步，或者在这一步处理不好，就会给听众留下无的放矢或不知所云的感觉。在演讲中，叶国富明确说明了"成功者总是坚守梦想的人"，即使一个梦想破灭了，也应该有新的梦想。那么，如何去实现自己的梦想？他以自己的成功经历告诉大家，死死守住梦想，遇到困难和干扰也不放弃、不退缩。可以说，他在演讲中自述"成功"，不仅对同学们产生了强大的感召力，而且给同学们顺利解决了梦想与成功的问题，即兴演讲至此也就圆满结束了。

练习：

想提高即兴演讲水平的同学，在平日里一定要养成勤构思的好习惯。构思也是有技巧的，可以遵循：是什么（自我介绍）、为什么（我为什么上台）、怎么办（我的主题以及怎么增强效果）。

Tips：这样成为演说家

即席演讲的12字箴言

在很多场合，需要我们在没有准备的情况下即席发言或即兴演讲，很多人会显得极其慌乱，其实大可不必"如临大敌"。即席演讲要记住12字箴言：1. 从容上台。当你在毫无预期的心态下突然被邀请上台时，千万不要任"紧张"这个"捣蛋鬼"把你整个人给控制住。你必须深呼吸一口，设法让自己冷静，控制紧张的情绪，你得告诉自己"不要怕，不必怕，临时说几句话没有什么大不了"，然后自然大方地面带微笑，抬头挺胸，以健康优雅、充满自信的步伐走上讲台。2. 镇静构思。从被点名上台的那一刻起，到走上讲台站妥为止，这几十秒的宝贵时间，就要用来迅速地展开"构思"任务，紧急动脑筋想清楚要说什么和怎么说。最好遵循演讲的"三点式"法则，只讲三点，拣最重要的说，不要面面俱到。3. 大方表达。将构思好的内容通过平时掌握的语言技巧尽情发挥出来，既生动又自然地表达自己的思想和感情。

着眼于小事，引出大命题

2016年5月26日，中国小伙何江站在哈佛大学第365届毕业典礼的讲台上，做了题为《蜘蛛咬伤逸事》的演讲。这是中国学生首次在哈佛毕业典礼上演讲，这也是哈佛学生的最高荣誉，只见何江从容登上演讲台，自信而幽默地演讲——

小视角破题

"在我读初中的时候，有一次，一只毒蜘蛛咬伤了我的右手。我问妈妈该怎么处理——妈妈并没有带我去看医生，而是决定用火疗法治疗伤口。她在我的手上包了好几层棉花，棉花上喷洒了白酒，在我的嘴里放了一双筷子，然后打火点燃了棉花。热量逐渐透过棉花，开始炙烤我的右手。灼烧的疼痛让我忍不住想喊叫，可嘴里的筷子却让我无法大声喊叫。我只能看着我的手被火烧着，一分钟，两分钟，直到妈妈熄灭了火苗。这个火疗法的基本原理就是：高热可以让蛋白质变性，而蜘蛛的毒液也是一种蛋白质。其实，在我初中那个时候，已经有更好的，没有那么痛苦的，也没有那么有风险的治疗方法了。然而，为什么我在当时没有能够享用到更为先进的治疗方法呢？"

何江是哈佛大学生物系博士毕业生，他的毕业演讲是要展现一个科学家如何用自己所学的知识更好地服务人类。深谙演讲技巧的他，不是用"大而广"综述的手法，而是从一个很小的视角出发，讲述了一则自己中学时代被毒蜘蛛咬伤，母亲用火疗治愈的故事。事情虽小，却极能引起听众的好奇和反思，火疗法真的有效吗？为什么享用不到更好、更先进、更安全的治疗方法？从而很好地实现了破题立意的演讲目的，并引人深入聆听。

拓展大命题

"蜘蛛咬伤的事故已经过去十五年了，尽管我们人类已经在科研上有了无数的建树，但在怎样把这些最前沿的科学研究结果带到世界最需要该技术的地区这件事情上，我们做得还不尽如人意。世界银行的数据显示，世界上大约有12%的人口每天的生活水平仍然低于2美元。营养不良每年导致300万儿童死亡。将近3亿人口仍然受到疟疾的干扰。在世界各地，我们经常看到类似的由贫穷、疾病和自然匮乏导致的科学知识传播的受阻。现代社会里习以为常的那些救生常识经常在这些欠发达或不发达地区未能普及。于是，在世界上仍有很多地区，人们只能依赖于用火疗这一简单粗暴的方式来处理蜘蛛咬伤事故。"

何江在演讲中以一个科学家的使命感和责任感,从个人故事拓展开来,言之凿凿地分析指出了先进科技知识在世界上不同地区的不平等分布问题,并以此表达了对知识和医疗需要向更广大的、更急需的人们传播的期待,不能再让更多人用那么危险的治疗方式。一番演讲不仅表现了他善于从小事出发,再推到大命题的演讲技巧,而且反映了他对科研工作的深刻认识,科学应该传播给更多人,才有它的意义。

畅想新未来

"哈佛的教育教会我们学生敢于拥有自己的梦想,勇于立志改变世界。此刻,我更加认识到,将我们所会的知识传递给那些急需这些知识的人是多么重要,让他们生活的世界变成一个我们现代社会看起来习以为常的场所,而这样一件事,是我们每一个毕业生都能够做的,也是力所能及的。改变世界并不意味着每个人都要做一个大突破。改变世界可以非常简单。它可以简单得变成作为世界不同地区的沟通者,并找出更多创造性的方法将知识传递给像我母亲这样的群体。如果我们能够做到这些,或许,将来有一天,一个在农村被毒蜘蛛咬伤的少年不用火疗这样粗暴的方法来治疗伤口,而是去看医生,得到更为先进的医疗护理。"

何江在演讲的结尾,抒情壮志,畅想科学的明天,倡议所有的毕业生都能脚踏实地,从我做起,从现在做起,从解决科技知识和医疗分布不均的问题入手，进而改变世界，让人们生活得更加幸福美好。

他的这一番演讲，感情充沛，呼告有力，愿望明确，意蕴深邃，极大地引起了听众的共鸣，引人践行，催人奋进。凭借这7分钟的哈佛演讲，年仅28岁的何江成为全球备受关注的"励志哥"。而他的演讲之所以成功，就在于他善于从小处破题入手、引出大命题的演讲技巧。他的这一方法值得我们学习。

练习：

演讲一定要言简意赅，在一开始便把你的主题用举例子的形式告诉听众，接下来再用生动的语言对你的论点详加证明。多加练习，你将很快抓住听众的眼球。

Tips：这样成为演说家

改进演讲的六个技巧

1. 热情能够挽救演讲。挽救一个糟糕演讲内容的唯一方法，就是保持热情，这种情绪能遮掩99%的缺陷。但是，也要注意，表现热情的方式，并不在于你的声音有多大，而在于你的语调有多真诚。

2. 准备好精彩的开头和结尾。一个干净利索的开场白至关重要，首先介绍自己是谁，然后说自己的目的是什么。结尾如果很草率的话，也会让演讲大大减分。结尾最简单的方式是，重新强调自己的观点，尤其是其中发人深省的观点。当然，如果没有更好的选择，那就干脆戛然而止，直接说谢谢。

3. 注意非语言表达。55%的演讲内容是靠非语言方式传达的，比如人的仪表、举止、语气等。眼神要向前看着听众，不要翻眼球，不要看向角落，不要手插裤兜，也不要显得紧张不安。

4. 克服紧张情绪。不要跟大家说自己很紧张，或者为自己的紧张道歉，那会让你失去自信；如果因为紧张而发抖，可以试着握拳，或者手扶着讲台，但手上不要拿讲稿，因为纸张会放大你身体的抖动；如果演讲中间忘词了就直接跳过去，根本不会有人注意的；停顿不是问题，不要害怕在演讲中停下来，停顿可以是你强调重点的机会。

  5. 演讲前至少要练习两次，练习越多，你的自信心就会越强，表现也会越好。

  6. 演讲之前自己减压。上台前做几次深呼吸，可以降低血压，让头脑清醒。放松脸上的肌肉，张大再闭紧眼睛和嘴，但要注意别让其他人看到。

高超的话术就像马甲线，完全可以练出来。

——卡罗尔·弗莱明

第五章
借鉴篇：外国中学生如何练口才

> 美国中学生
> 模拟 场景练口才

17岁的沃尔森是美国弗吉尼亚州达里中学的学生,口才十分了得,回答问题落落大方,讲起话来有板有眼。一见面,读高中的他兴冲冲地告诉我们,在学校最近一次的模拟法庭比赛中,他们的团队赢得了胜利。在"庭审"过程中,他扮演的角色是控方的"专家证人"。得知他们赢得了"官司",作为"中美语言文化交流活动"的中方代表,我们甚是高兴,向他表示了衷心的祝贺。

沃尔森原来是个不善言谈的学生,进入达里中学念书后,他对学校开设的旨在锻炼口才的"模拟法庭"课程产生了浓厚兴趣,于是在学校选修了"模拟法庭"课程,并报名参加了相关的课外活动小组。他同我们谈起他的"模拟法庭"老师如何循循善诱,教育他"要想成才先练口才,没有人欣赏那种沉默寡言的人",鼓励他要

"争当出头鸟",在课堂中大胆表述。渐渐地,在老师的鼓励和同学们的帮助下,沃尔森找到了自信和乐趣,不断挖掘自身演讲潜能,狠下功夫,终于变得口若悬河。

在课堂以外,沃尔森还积极参加了许多有利于锻炼口才的活动,除了上述的"模拟法庭"外,还有"模拟联合国年会""学生会竞选活动"等。像"模拟联合国年会"活动,几个学生组成团队代表一个国家,就世界上的热点问题在全体大会、小组讨论会和各类聚会上阐述其观点,并就相关决议案进行"国与国之间"的磋商。沃尔森说,这种活动可以大大提高学生参与讨论和表述意见的兴趣,培养口头表达能力。

谈着谈着,沃尔森还饶有兴致地向我们介绍道,上届美国总统奥巴马有着雄辩的口才,赢得了很多美国年轻人的心。他能够脱颖而出,在很大程度上归功于他的演讲魅力。他的演讲让我们很受感动和振奋,相信他真的可以改变现状,每次听奥巴马演讲,自己只想不断地听下去,不要停下来。其实,奥巴马的演讲技巧和雄辩口才,也是在中学时期练就的,他当时也像今天的我们一样,乐于参加"模拟法庭"课程和"模拟联合国年会""学生会竞选活动"。

最后,沃尔森告诉我们,美国是一个十分重视演讲的国家,口才被视为"立身之本",是一个人高智商、多方面能力的集中表现,所以很多人都是从小培养自己的口才,热衷于参加各种口才训练课程和活动,不管将来做什么,都要提前积累"资本"。

和沃尔森的交流虽然十分短暂,但我们感到收获颇大,更加领悟到练好口才的重要性和必要性,也领略到了美国中学生练习口才的好方法。

练习：

找几个小伙伴，开一场"模拟会议"，先策划一个主题，然后轮流发言。为自己设计一篇发言稿，要包括出色的开场白、讲话的主题、引用的例子以及完美的收尾。

Tips：这样成为演说家

肢体语言运用技巧——姿态

优美的姿态主要表现在以下几方面：

1. 双手要自然地垂在两侧。有的人倒背着双手，有的把手叉在胸前，或拢在一起，甚至有人把手插进裤兜里。这些姿势不仅不大雅观，还不便于打手势。所以，手要呈轻握鸡蛋状，轻轻地垂在两侧为好。

2. 姿态要挺直，要抬起下巴。挺直身子，稍稍抬起下巴的模样表达了你有着充沛的精力和自信感。脸不要抬得太高，因为弄不好会给人傲慢之感。要挺起腰板和肩膀，但表情不要僵硬，要采取挺拔而自然的姿势。

3. 站如松，双足要有力。你站在演讲台上的时候，要把腿分开至与肩同宽，双足要用力均匀。这样看起来稳重、挺拔。

4. 适当地动一动。若长时间立在一处一动不动，会使人感到压抑，可动得太勤了，也会给人散漫之感。因此一定要慎重地、适当地动一动。最好的方法是从自己的站立处出发，往右侧走动，再移回原处，然后下一步时往左侧走动，最后再回到原处。

美国中学课堂的 脱口秀

同学们一定知道美国拥有很多的脱口秀节目,比如《奥普拉脱口秀》就是由美国"脱口秀女王"奥普拉·温弗瑞制作并主持的美国历史上收视率最高的脱口秀节目。但同学们可曾听说过,像奥普拉这样的"脱口秀",美国的学生早在中学的课堂上就开始练习了呢?

我所到的田纳西州州立高中上午9点上课。第一节课上,美国老师都会安排几个学生进行5分钟的自由展示,来秀一下各位同学的口才。在这5分钟的展示机会里,你可以表达自己对学校、对社会、对他人的看法和观点,甚至可以来一段幽默笑话。在美国,人们往往以能讲好多的幽默笑话,逗大家开心,或者能以几句话对当前的时政进行精彩的评论为骄傲。所以,在美国中学课堂上,他们便刻意地锻炼自己这方面的能力。

当时，和我一块儿去的有一个交流生，自然受到了老师的"眷顾"，美国老师让他用几句话，评价一下对美国的印象。由于事情太突然和过度紧张，他表现得语无伦次，甚至不知道自己说了什么。然而，老师却幽默地说道："这位朋友已经明确地告诉我们，他对我们国家的印象，那就是，常常把外国人搞得晕头转向。"老师的妙语，赢得了全班同学的热烈掌声。

下课后，有美国同学告诉我，他们这种课前自由展示的做法，叫作玩"脱口秀"。美国同学还告诉我，这种"脱口秀"是自定话题，随意阐发观点，在课堂上还有一种"脱口秀"则是老师锁定题目，让大家来表达自己的观点，这种规定了题目的"脱口秀"更加刺激，由于规定好了，每位同学只能讲两三句话，在这个活动中越是观点独到，表达犀利有趣，越是能受到老师的表扬。比如有一位叫杰西卡的同学，在老师拟定的题目"得到与失去"中，因"对你现在所有的，要心存感激，这样你就会得到更多，如果你念念不忘你所没有的，你永远不会觉得满足"一句精彩妙语受到老师的大力称赞。

虽然在美国"游学"的时间很短暂，但我对美国中学课堂的"脱口秀"却印象深刻，收获颇丰。

练习:

脱口秀的现场气氛都很好,要想练就稳健的台风,可以多多观察脱口秀演讲者的体态和神情。自己练习时,手势不要刻意,但听众多的时候可以夸张一点儿,建议录下视频,方便后期找出问题。

 Tips:这样成为演说家

如何学习脱口秀

脱口秀是融演讲与单口喜剧于一体的更加有幽默感的口才艺术。想练习好脱口秀表演,需要打好以下基础:

1. 多收集笑话、幽默段子,生活中可以将自己看到听到的一些趣事糗事记录下来,整理写成段子。段子只有多写多练,练就写段子的思维,以后才能更好更准确地把你脑海里想表达的段子写出来、说出来。

2. 多多提升幽默感,增强插科打诨、卖萌耍宝、逗趣调侃、戏谑自嘲的幽默能力,把自己培养成一个有趣、有料的人。

3. 多看喜剧,增强喜剧审美。喜剧审美很重要,只有好的喜剧审美,才能更好地判断自己的段子是否好笑。

4. 树立自己的一套喜剧观。向别人学习是对的,模仿一下别人的技巧也是可以的,但归根结底要形成自己的一套喜剧观,有自己的脱口秀风格。就是你是怎么看喜剧的,你的喜剧是为了什么,你说脱口秀的目的是什么,你应该怎么讲脱口秀。

澳大利亚中学生：门门功课需演讲

中学时期学习演讲，正是培养和发掘自身能力的最好、最有效的时期。澳大利亚的中学教育，就非常重视学生们的当众表达和演讲能力，并将演讲能力的训练贯穿于每门功课。在英文、历史、地理和社会科学乃至数理化课程学习中，都需要做多次演讲。而且学生每门功课的总成绩都是根据期末考试、课外作业和演讲三项成绩来评定的，其中演讲常常占到10%到20%的比重。所以澳大利亚的中学生非常重视演讲，他们常常三天两头到图书馆查找资料，撰写讲稿，预演，课上发表演讲。

英语是澳大利亚的母语，在英语课中，学生们的演讲次数可谓是最多的。学生都要通过大量阅读，选择自己感兴趣的演讲题目，撰写演讲稿，在课堂上当众演讲。老师再给予评优纠错，如此反复，让学生在读、写、讲的过程中，熟练掌握词语、语法、时态、语气的正确运用。通过演讲这种形式学习英语，既使得英语语法这样枯燥的内容的学习变得生动有趣，又提高了学生们的口语表达能力和技巧。

对于像历史和地理这类以"记述事实"为核心的课程，老师在课堂上灌输也极少，只是提纲挈领地讲解或提出一些富有启发性的问题。然后老师会布置一些较复杂的作业，让学生通过到图书馆查找资料去完成。有一道这样的作业，老师把几十位国内外著名历史人物分配给学生，每个学生为其中的一位写一篇简要传记，在写好传记之后，每个学生还要做5分钟的课堂讲演。这样每个学生虽然只研究了一位历史人物，但从同学那里又学到了更多的知识。

甚至像数理化这样的课，老师也并不总是系统详细地讲授，常常需要学生看书自学才能完成作业。当学生在难点上无法突破时，老师就会有的放矢地细讲。除了基本的课程作业题之外，学生们还有一项必须完成的作业是定期写小结，由学生自己对所学的数理化概念做系统总结，并在课上发表演讲，与同学们深入交流自己对于这些概念的理解和认识。

在澳大利亚，这种门门功课需要演讲的做法，不仅培养了中学生的自学能力和实际应用知识的能力，而且大大提高了中学生的口语交际能力，这为中学生以后的继续学习和步入社会打下了非常实用的基础。

练习：

演讲时面部表情一定要真诚，最好面带微笑。有意识地对着听众讲话，不要把注意力放在自身，而忽略了演讲的本质。

Tips：这样成为演说家

教你三招，妥善化解演讲尴尬

现场演讲中，难免会出现一些尴尬的情形，有些是自己口误，有些是听众闹场，还有些是客观情况。那么，一旦出现这些问题，作为演讲者该如何去化解尴尬呢？

第一招：自我解嘲，拨乱反正。成龙在一次演讲中，一不小心用错了成语，将"历历在目"讲成"目目在历"，全场爆笑。机智的成龙立刻以自嘲的方式自救："目目在历和历历在目是一样的。话就是人家编的，就好像'duāng'就是我编的，这个就是我的话。搞电影的都是'幕幕'在历，就是每一个屏幕上的画面我都经历过。"

成龙在口误尴尬的处境下，拿自己创造的"duāng"字来自我解嘲，进而，他话锋一转，巧用谐音字替换，道出了一个电影人所谓的"幕幕在历"，令人不由得佩服他自圆其说的技巧和纠正错误的功夫。

第二招：巧设因果，插科打诨。奥巴马在耶路撒冷做演讲时，一名男学生起立喧哗闹场。站在台上的奥巴马维持一贯冷静的语调说："这就是我们刚刚谈到的所谓现场讨论的一部分，非常好。

我必须说，事实上，这是我们安排的，这样才让我感觉像在家（美国）一样。如果没有哪怕一名闹场者，我都会感觉怪怪的。"说完，观众席上许多学生都起立热烈鼓掌。

面对被打断的演讲，奥巴马将其因归结于"现场讨论的一部分"和"故意安排的"，让人感到顺理成章，不仅给闹场者一个台阶下，而且幽默地化解了演讲的尴尬，彰显随机应变的口才。

第三招：拟物为人，别解新义。奥运举重冠军张湘祥在一次演讲中，刚讲到"增加肺活量、提高免疫力、延缓衰老、健美塑形等跑步的好处"时，话筒突然出现了故障，虽然尴尬，但张湘祥几句话就拉回了气氛，他机智地说："今天的话筒不好使，这就是缺乏运动的表现。锻炼不够，难免'上气不接下气'。"妙语一出，台下的听众全都会心地笑了起来。

张湘祥巧借运动主题，将话筒拟人化，把话筒失灵的原因别解为"运动锻炼不够"，像人一样"上气不接下气"，不仅一下子构成了幽默，逗乐了全场，活跃了气氛，而且借机深刻说明了锻炼的重要性，让人不由得拍掌叫好！

英国中学生、口语交际要达标

口语交际是生活中必不可少的一项内容，但你知道英国的中学生如何锻炼口语交际能力吗？

英国向来重视培养学生的口语交际能力，英国的学校早在1963年就把口语交际作为考试内容——在考试中，对"口语交际"都有具体的达标标准和评价方式。

从初中到高中，英国中学生的口语交际达标标准一共有8级，难度逐级递增。比如5级水平，要求学生在各种各样的情境中，能够自信地说和听；在讲话时，说出的词汇富于变化，能够引起听话者的兴趣；在讨论中，不但能够专心倾听，还能迅速理顺思路，以便于清晰地表达自己的看法。

根据这些达标标准，老师会在每个学期结束后，根据学生一个学期的表现，对学生符合达标标准的哪一级水平，做出评价报告，并提出今后达标的建议。

具体实施中，学生需要通过多种形式的交流活动来表明自己的口语交际能力，如"小组讨论与交流""戏剧表演""采访""电话交谈""听辩""口头质疑"等。所以，为了达到标准要求，有效地提高口语交际能力，英国中学生都非常重视在不同情境和场合下的口语交际活动，他们除了在校园里重视课堂发言和讨论，以及大胆与老师和同学交流外，还会积极走向社会，主动与陌生人交流。

如英国布兰德尔中学八年级学生杰克，就选择了通过"采访"的方式，来展现自己口语交际能力已达7级水平。杰克先是在学校采访了不少同学，积累了一定的经验后，才决定去采访一位心理咨询医生。事先他准备了一系列相关问题，想好了如何引导被采访者提供有用的回答，以及自己如何回应。

到了正式采访那天，杰克微笑着而又十分自然大方地迎向安德鲁医生，首先介绍了自己，向安德鲁医生说明来意。安德鲁医生听了，很乐意接受采访。接着，在采访活动中，杰克清楚地问了自己想了解的问题，比如，作为一名心理咨询医生，有没有一些中学生来咨询关于他们自己的问题？中学生怎样实现心理健康？……

从整个采访过程看，杰克不仅表现出了与人交流的自信，而且能够准确地使用词汇，组织语言，清晰地交流，发表有意义的看法。对于杰克的表现，老师认为他很好地显示了7级水平的主要特征，故判定他7级达标过关。但同时，老师以积极的口吻指出他要努力的方向，希望他在今后的采访中，更好地增强应变能力，以早日达到8级水平。

再如英国剑桥利思中学九年级学生奈比尔·斯朗选择的是"角色扮演"，他要证明自己的口语交际能力达到了8级水平。奈比尔·斯朗所选定的交际情景是讨论在当地居民区修建一条新路的规划。于是，他找来了几个同学与之合作，有的扮演新闻记者，有的扮演环境保护主义者，他自己扮演的是当地居民，然后他们站在不同立场支持或反对修建一条新路的计划。在论证会上，奈比尔·斯朗表达了这样的意见："新的道路会破坏我们当地原有的美景，我们不想看到这一点。在我们这个小镇上，有多少人愿意眼看自己生活的地方遭到破坏呢？"

从奈比尔·斯朗的表现来看，他能根据自己扮演的当地居民的角色，站在角色的立场通过恰当的词汇、语气非常合理地表达自己的意见。他通过使用反问句和一系列符合逻辑的话语积极地辩论，吸引了听众的注意力。这一切，都显示了他比较强的口语交际能力。故老师非常满意地评价他达到了8级水平。因为8级基本上是对中学毕业生的最高要求，所以老师没再提出更多的希望。

练习：

演讲时的站姿也要格外注意，站立两脚间的距离相当于平时走路的"一步"大小为佳，身体略向前倾，并将重心落于双腿间，上身一定要挺直，但不要给人僵硬的感觉。

Tips：这样成为演说家

肢体语言运用技巧——微笑

微笑是一张最好的名片。练习微笑有以下 6 个步骤，每天最好对着镜子练习。第一步——放松肌肉。第二步——给嘴唇肌肉增加弹性。第三步——形成自己觉得最满意、最灿烂的微笑。第四步——保持最灿烂的微笑。第五步——修正微笑，对着镜子看看面部肌肤有那个地方笑得不是太好看，进行修正。第六步——修饰有魅力的微笑，把微笑做到最好。如此坚持练习一段时间，微笑就会常留脸上。

俄罗斯中学生为什么都"能说会道"

俄罗斯有句谚语:"世界上什么东西最能征服人心?谜底是语言。"可见,俄罗斯人非常重视语言沟通。不到俄罗斯不知道,到了俄罗斯,我才发现,他们从青少年时期就打下了良好的语言表达基础。

2017年11月,我有幸出国访问了俄罗斯符拉迪沃斯托克市第一中学,通过几天的观摩学习和交流,我了解到了俄罗斯中学生都"能说会道"、个个表达能力出众的原因。

俄罗斯的中学教育,非常注重培养学生的语言能力和交际能力。语言能力,要求学生精通自己的母语——俄语,树立科学的语言世界观,用俄语知识武装他们的头脑,培养学生的语言美感。交际能力,要求学生熟练运用连贯的口语或书面语表达自己的思想,使学生在一切运用语言的交际环境中自如地使用语言。

　　为了达到这样的教育目的,切实提高中学生的言语交际能力,俄罗斯中学的考试制度也与我们有很大的不同,他们的课程考试有一半是以口试为主。名字意为"好心肠的"的中学生叶菲姆告诉我,他们的口试在考试中一直占有很大分量,无论在小学还是中学,也不管文科还是理科,而且这种考试制度由来已久,是俄罗斯教育的优良传统。所以,像列宁、马雅可夫斯基,还有普京等,他们能言善辩的口才,无一不是从小到大,在经历了无数次"口试战场"的千锤百炼中慢慢培养起来的。

　　他们的口试,不论期中、期末还是毕业考试,每次开始前,学生先到主持考试的老师那里抽取题签。几十张题签倒扣着放在桌面上,由考生任意抽选。题签上一般有两三道考题,有简单的概念解释,也有复杂的论述或求证。拿到试题的学生有10至15分钟的准备时间,不能看课本和参考书,也不能与学友交谈,只能坐在那里冥思苦想,利用有限的准备时间"打腹稿"。回答完题目以后,还要随时应对考官"借题发挥"的各种提问。学生与老师谈得越融洽,得的分数就越高。相反,那些冷场的学生往往会不及格。可见,他们的当面口试,不仅是检验学生掌握和运用所学知识的最佳方式,而且有利于提高学生的语言表达能力,还能培养学生的胆识和自信。

　　在俄罗斯的中学,不光口试训练了学生们的表达能力,平时在课堂上,老师也安排较多的专题讨论和自由发言。通常,老师在讲完一个专题后，都要组织一次课堂讨论。讨论题目事先通知学生，以便让大家有时间去查阅工具书、参考资料或有关文献。由于课堂发言通常会记入评分册，所以学生一般都会认真准备，积极发言。课堂讨论时，老师不大在意学生对问题的认识角度和个人观点，而是看重学生对相关资料的了解程度、表达和论述的方式方法及在这一过程中表现出的逻辑思维能力。

正是因为口试在考试中所占的很大比重，它不像笔试那样容易用百分制评分，所以俄罗斯中小学一般都采用5分制。3分及格，4分良好，5分优秀。也正是门门功课要口试的原因，俄罗斯的中学生都十分注重培养和训练自己的说话能力和表达技巧，也因此使得他们经过多年的上课训练和考试后，都能头头是道地和你讨论各种话题，而且大多语言流畅，思维清晰，懂得在合适的环境里讲出有实际内容的东西来。

回国的途中，我一直在想，并对带队的老师说："俄罗斯中学教育偏爱口试，确实有诸多好处，它不仅可以测试学生所学知识的掌握情况和考核学生运用这些知识进行独立思考的能力，更重要的是，它造就了一代又一代俄罗斯人的'能说会道'。

练习：

很多没有演讲经验的同学只要开口会感到紧张，平时在公众场合讲话或演讲，当自己有些紧张时，可以试着轻握拳头或扶着讲台，手上尽量不要拿讲稿，可以将讲稿放在桌上，实在记不起再看一眼。

Tips：这样成为演说家

如何表达真情实感

言语交际中，有的人说话"假、大、空"，让人厌烦，而有的人说话富有真情实感，令人爱听。如何才能表达真情实感呢？

1. 多述亲身经历。自己的见闻、经历，所感所悟，往往最真实，也最动人。所以在谈话或演讲中，要多撷取自己亲身经历过、体验过的生活或事件，说出充满真情实感的话。

2. 多细节描绘。真情实感离不开生动的、典型的细节，细节的多少，直接关系到话中的真情实感。如果说话很笼统，不具体，即使是亲身经历过的，也往往会给人不真实的感觉。所以要记住，最是动人细节处，最是细节动人情。

3. 多些言由心生。一个人只有发自肺腑，自然地表达内心对于社会、人生、生活的独特感受和真切体验，使感情的流露给人以真实感、真诚感，而不是附加感、装饰感，这样才能打动人、感染人。真情实感，具体要通过对事物的铺陈、叙述、渲染、描绘、议论等表达出来。

俄罗斯中学生卖报练口才

这个暑假,俄罗斯中学生维克多过得比以往任何一个假期都要充实。上初二的他,一放暑假,就积极报名参加了所在学校和莫斯科一家晚报社联合开展的"营销秀"活动,成为一名"小报童"。说起自己的卖报生活,维克多笑了:"我特别喜欢这个活动,我不是为了获奖,也不是为了挣钱,我是想锻炼口才,让自己的性格变得更外向。"

那天一大早,维克多就早早地来到承印晚报的印刷厂,经过登记后,维克多取走了100份报纸,比昨天又多了20份,他相信一天会比一天卖得更好。

然而,拿到报纸的维克多并没有像其他同学那样迅速离开,急切地跑去兜售。他先是找了一个僻静处,认真看起了报纸,从一版到末版，任何细节都不放过。我问他为何这样做，维克多说："我先看一遍报纸，在卖报时，再把报纸的内容介绍给路边的市民或等车的乘客，引起他们的兴趣，让他们来买报纸。"我心里不禁佩服这个有些瘦小、腼腆的维克多。他卖报练口才还真有一招儿，他先做准备，熟悉报纸内容，将新闻信息加以思考，变成自己要推销的语言，可以想象，这样肯定能言之有物，说服别人购买。

随后，维克多提着一袋报纸来到一个长途汽车站，推销手中的报纸。只见他微笑着上前，对一个又一个等车的乘客说："叔叔买份报纸吧，今天的新闻很好看的，您看看这条新闻。我们的总统普京曾是'四级木匠'，要说总统普京，他可样样精通，不仅是柔道高手，还会开战斗机、乘潜艇下海底、赤膊骑马钓大鱼、危险时刻射虎救人，但你可曾知道，普京总统还是一位好木匠，他曾经获得过4级'木匠证'？一报在手，总统趣事全知晓。卖报！卖报！"

原来，当天的晚报上有一则新闻：普京头天视察了索契冬奥会场馆建设，并与大学生建筑队代表进行了交流。普京向大学生详细讲述了自己上大学期间参加建筑队的经历，说他当年也是建筑队的一员，在俄罗斯科米共和国人迹罕至的森林地区开设林道、修理房屋，当实践活动结束时，他甚至获得了4级"木匠证"。

没想到，维克多口齿伶俐，把普京的"十八般武艺"罗列到一块儿，再糅合进最新的"普京自己爆料曾获4级'木匠证'"这条新闻，稍微一"卖关子"，一下子引起了过往乘客的强烈兴趣，他们不禁接过报纸看了起来,随后付钱买下了报纸。不一会儿,维克多手中的报纸就所剩无几。

  临别前,维克多告诉我,他会好好利用暑假卖报的机会,多多揣摩语言推销技巧,即使成不了活动中的"营销秀",也一定要锻炼成生活中的"脱口秀"!我当即扑上去,热情地拥抱住他,贴着他的耳朵说:"你一定会成功的!"回来的路上,小维克多的形象和语言,一直在我的脑海中浮现,挥之不去。

练习：

每次上台演讲前，至少排练两次。在练习时，要确定自己能够在规定时间内讲完所有内容，如果还是对自己的演讲担心，就把讲稿带进现场，把关键词语用笔画出，方便自己在演讲时一旦忘记，可以一眼看到关键内容。

Tips：这样成为演说家

肢体语言运用技巧——眼神

面部表情最生动的部分就是眼神，达·芬奇有一句名言："眼睛是心灵的窗户。"很多人在与人交谈或演讲中，眼睛不知道看哪里，有的看着天花板，有的眼睛乱晃。不论谈话还是演讲，都应该注重与听者的目光交流。运用眼神的方法主要有：

1. 点视法。目光注视某一对象，与之进行视线交流。对视可以使对方在心理上增加对你发言的兴趣，感到一种得到尊重的满足。特别是在人数不多的场合，你看着那个听众，他通常就会听得非常认真。

2. 扫视法。使视线从左到右，或从前到后慢慢移动，扫视听众。一般用于比较大的场合。它可以与听众的眼神进行广泛的接触和交流，了解他们的反应，调整自己的语言，以使语言表达取得最好的效果。

3. 虚视法。也就是"视而不见"。目光散成一片，不集中在某一点上，通常把视线散在听众的中部和后部。用于特大型场合。

法国中学生,录像练演讲

法国中学每周有一节"讲演"课,学生们不仅可以学到许多演讲的基本知识和技巧,而且要登台进行"破冰演说",不断把演讲的理论知识转化为实际的演讲能力。

在他们练习演讲的诸多方法中,最绝的一招莫过于"录像"——为每个学生的演讲录制一盘影像资料。然后,根据录像资料,进行多方面的学习提高。

首先,让每个学生反复观看,认真审视自己的演讲细节。当他们观看自己的录像时,都不禁啼笑皆非。这还是我吗?原来自己这么胖啊!看我傻头傻脑的样子!我的语调太急促了,没有抑扬顿挫,我都听不清我在说什么……每个人都要这样,勇于对自己毫不留情,苛刻地自我挑剔,把演讲中的毛病找出来。通过这种"自我批评"的方式,他们都前所未有地了解和掌握了演讲的种种技巧。

其次,在每个学生进行自我剖析和评价的基础上,再由大家评说、讨论，同学们要针对别人的演讲，对其演讲的感情、语气、手势、节奏的把握等，提出自己有建设性的改进意见。这样，每个学生就可以从大家的评价中，进一步发现许多自己不曾注意到的有待改进之处。

最后，老师做总结点评，不仅为每个学生指出优缺点，而且进行针对性极强的辅导。比如，当老师发现一个同学的手势有缺陷时，他就做示范道："演讲时，显得最有自信、最有说服力的姿态是两手自然下垂，不要有任何矫揉造作的多余动作。如果需要用手指强调演讲要点，切勿手心对着观众，因为手心透露着个人私密信息。"再比如，有一个同学演讲时忘了词，突然卡壳了，这该怎么办？老师就出招道："当你忘记一个单词的时候，首先不要慌张，然后可以机智地用另外一种形象而又易于理解的表述代替，千万不要因一两个单词就败下阵来。"

他们就是这样，每个学期都要经过几轮五花八门的演讲，潜心修炼，练就了好口才。

练习：

为了保证一个良好的状态，可以在上台前和观众聊聊天，缓和气氛的同时还能帮自己减压。演讲前多做几次深呼吸，这样可以降低血压，保持头脑清醒。

Tips: 这样成为演说家

怎样巧妙地结束演讲

成功的演讲有"凤头、猪肚、豹尾"之说，即开头要引人入胜，内容要丰富多彩，结尾要简洁有力。值得采用的结尾方式有以下几种：

1. 总结升华式。就是在结尾用极其精练的语言，简明扼要地对自己阐述的思想和观点做一个高度概括性的总结，以起到突出中心、升华主题、首尾呼应、画龙点睛的作用。

2. 含蓄幽默式。就是在结尾用含蓄、幽默的言辞或动作，给听众留下欢声笑语，使演讲更富有趣味，让人在愉悦中回味深思。

3. 设问反问式。就是在结尾以提问和反问的方式抛出问题，甚至是一系列问题，促人扪心自问，给人留下不尽的思索。

4. 号召鼓励式。就是在结尾以慷慨激昂、扣人心弦的语言，对听众的理智和情感进行呼唤，或提出希望，或发出号召，或展示未来，以激起听众感情的共鸣，使听众产生一种蓬勃向上的力量。